Алина Чернышева

От А до Я: Азбука успешных и предприимчивых HR

AF884345

Алина Чернышева

От А до Я: Азбука успешных и предприимчивых HR

Как вырастить счастливых, эффективных и вдохновленных

Drugoe Reshenie

Imprint
Any brand names and product names mentioned in this book are subject to trademark, brand or patent protection and are trademarks or registered trademarks of their respective holders. The use of brand names, product names, common names, trade names, product descriptions etc. even without a particular marking in this work is in no way to be construed to mean that such names may be regarded as unrestricted in respect of trademark and brand protection legislation and could thus be used by anyone.

Cover image: www.ingimage.com

Publisher:
Drugoe Reshenie
is a trademark of
International Book Market Service Ltd., member of OmniScriptum Publishing Group
17 Meldrum Street, Beau Bassin 71504, Mauritius

Printed at: see last page
ISBN: 978-620-2-02079-4

Copyright © Алина Чернышева
Copyright © 2017 International Book Market Service Ltd., member of OmniScriptum Publishing Group
All rights reserved. Beau Bassin 2017

Содержание

Предисловие

В данном пособии анализируются основные составляющие эффективной системы развития персонала в компании. Основное внимание уделяется процессу формирования системы управления и развития персонала, как основного элемента повышения рыночной стоимости компании.

Розничная компания, это, в первую очередь, передовая линия, имидж, который формируют люди – сотрудники компании. От профессионализма, которых зависят взаимоотношения компании с потребителями.

Методология современного бизнеса сводится к конкуренции, основанной на знаниях и профессиональных компетенциях. Мало присутствовать и хорошо делать свое дело, необходимо находиться в постоянной динамике. Бизнес – это постоянная циркуляция мнений, идей, смена деловых моделей реагирования. В этой ситуации оставаться самому «отличным специалистом» и оставлять своих сотрудников на одном заданном уровне нерентабельно для компании.

Таким образом, управление, развитие и обучение в компании, должно стать приоритетным направлением.

Цели, задачи, тактики исполнения, все это - инструменты, которыми оперируют работники и от того правильно или нет происходит понимание и дальнейшая реализация действий зависит результат и уровень качества административной и производственной функции компании.

Некоторые компании пренебрегают важностью работы с человеческими ресурсами, таким образом, теряется основа - развитие персонала и его мотивация. Тем не менее, данные функции являются наиболее важными, поскольку содействуют формированию работоспособной и эффективной команды – это компонента нематериальной мотивации – успеха в работе.

Давайте проанализируем текущее состояние, и дальнейшие перспективы некой торговой компании, в которой не развита система развития и обучения персонала. В качестве инструмента возьмем SWOT-анализ:

Таблица 1. SWOT-анализ перспектив развития компании

Силы	***Слабости***

- Определенная позиция на розничном рынке: имя компании – бренд - Наличие сети сбыта продукции: широта охвата по стране - Квалифицированный персонал на ключевых позициях - Широкая ассортиментная линейка - Репутация качественного поставщика продукции - Репутация надежного партнера	- Отсутствие четкости в организационной структуре - Отсутствие четкости в интерперсональных коммуникациях - Недостаток внимания к личностному развитию персонала - Отсутствие аспекта нематериальной мотивации - Отсутствие анализа и качественного кадрового планирования - Отсутствие кадровой стабильности: нет кадрового резерва и работы с ним по развитию и обучению
Возможности	***Угрозы***
- Внедрение системы качественной внешней и внутренней коммуникации: обеспечение имиджа для внутреннего клиента; обеспечение имиджа для внешнего клиента – партнеры, потребители - Разработка четкой системы HR – обеспечения – повышение интеллектуального уровня – повышение себестоимости на рынке - Формирование системы управления талантами - Имея под собой качественную базу развития – развиваться количественно с меньшими рисками	- Потеря квалифицированных сотрудников - Потеря имиджа на рынке, вследствие неквалифицированной рабочей силы - Потеря ключевых клиентов: снижение прибыли – увеличение издержек - Потеря общей динамики в развитии

Слабости и угрозы – это потенциальные риски для компании, с которыми можно продолжать существовать, но сложно выбиться в лидеры, являясь кузницей кадров для других компаний-конкурентов. Ориентироваться необходимо на возможности компании и потенциала для усовершенствования работы. Таким образом, необходимо создать схему планирования общих действий, а далее, превентивные шаги по совершенствованию ситуации.

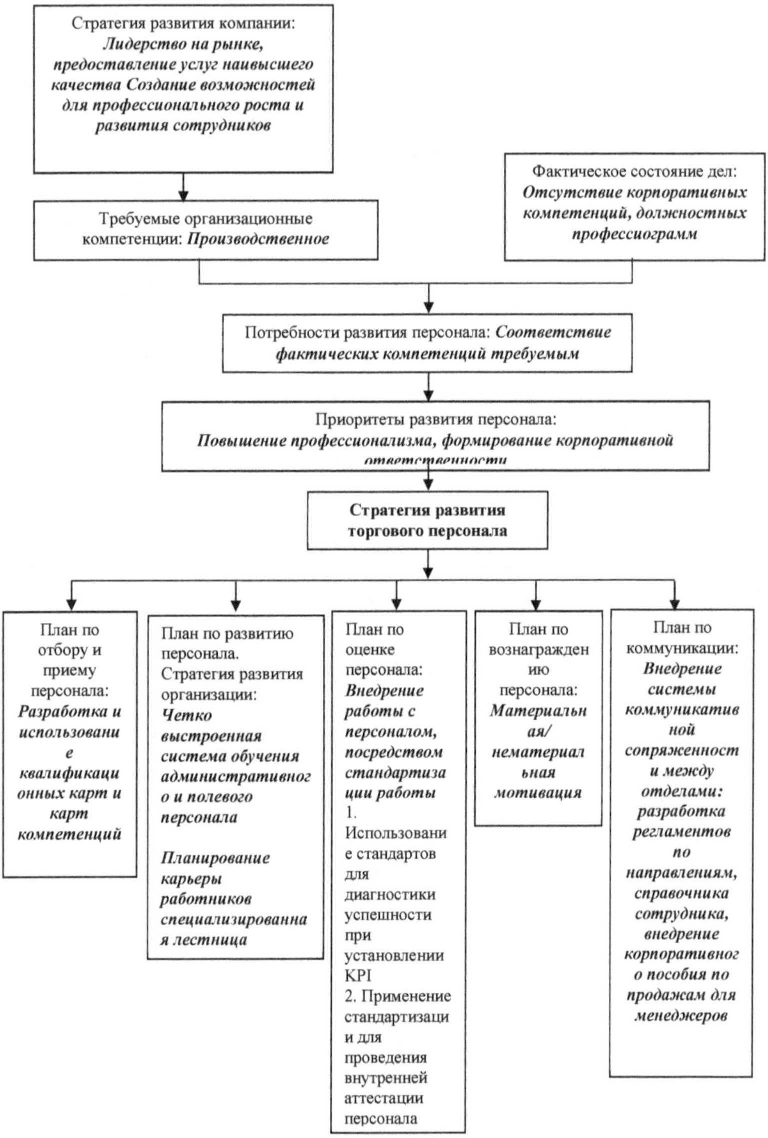

Стратегия становления системы управления и развития персонала

План становления системы управления и развития

Цель: Формирование основного базиса сотрудников, как системы авторитетного консалтинга, лидеров мнений

Задача: Формирование внутренней и внешней стратегии компании формата Learning Organization

Основные средства для достижения цели: ***Люди – Время – Профессионализм***

Необходимые действия	**Проект реализации**	**Планируемые затраты и результаты**
1. ***Формирование кадрового резерва, как единицы позволяющей сформировать интеллектуальный и профессиональный базис Компании***		
Формирование кадрового резерва: ***Обеспечение кадровой стабильности Компании***	1.Разработка моделей кадровых компетенций: внедрение профессиограмм 2.Анализ адекватности персонала требуемому уровню: внедрение анализа перспектив и оценки трудового потенциала сотрудников 3.Отбор и найм персонала соответственно требованиям предъявляемых к работе в Компании	1.Увеличение прозрачности и управляемости организационной структурой Компании 2.Разграничение полномочий и ответственности: формализация требований к руководителям и сотрудникам Фонд оплаты труда Затраты на качественный рекрутинг: ключевые позиции
2. Разработка качественной системы внедрения и контроллинга стандартизации в работе персонала		
Внутриорганизационный маркетинг персонала: ***Установление норм в качественном развитии персонала***	1.Внедрение полного пакета тестовых методик для отбора персонала 2. Разработка должностных инструкций и положений о подразделениях, отвечающих целям и задачам компании (переход от формальных ДИ к реальным)	1. Уменьшение материальных, моральных и временных издержек на адаптацию сотрудников 2. Формирование положительного имиджа на рынке работодателей

	3. Разработка сетки материальных затрат на дисциплинарные взыскания и поощрения 4. Внедрение стандартов в работе для торгового персонала 5. Внедрение корпоративного пособия для торгового персонала: «Корпоративная книга продаж»	Затраты на издание корпоративного пособия внутри компании Затраты на корпоративную библиотеку
3. Стратегия развития Компании: План по профессиональному совершенствованию персонала		
Мониторинг профессионализма персонала: ***Формирование системы рационального использования профессионального потенциала сотрудников***	1. Составление карты - схемы направлений по обучению 2. Внедрение в работу с персоналом методики Ассессмент – Центр: внутренняя аттестация персонала 3. Профессиональная и психологическая диагностика персонала	1. Усиление фокусировки на достижение целей и задач: стремление персонала выполнить поставленные задачи наиболее эффективно и с минимальными издержками Профессиональное обучение в компании: Техническое/ инженерное обучение для сотрудников Обучение для Sales – managers Обучение для управленческого состава Компании
4. Внедрение четкой и прописанной структуры коммуникационной сопряженности отделов		
Построение интерперсональных коммуникаций в Компании: ***Внедрение единых коммуникативных стандартов в Компании***	1.Формирование системы обратной связи: создание эффективных партнерских взаимоотношений в рабочем процессе 2. Техническая поддержка: обеспечение возможности быстрого и легкого доступа к информации – оперативность в предоставлении информации – прозрачность коммуникативных потоков в компании	1.Возможность быстрого обучения и распространения информации 2.Сокращение временных затрат на развитие необходимых знаний и компетенций сотрудников Внедрение системы электронного обучения

	3. Внедрение системы электронного обучения: e – Learning: формирование системы мониторинга процесса обучения в связи с целями и задачами компании	
5. Внедрение системы нематериальной мотивации сотрудников		
Мотивация и социальная политика: ***Внедрение принципа: Компания – Сотрудник - Прибыль***	1.Внедрение корпоративных легенд в компании: создание легкой для восприятия сотрудниками миссии компании, определение ее задач (в виде стимула к действию) 2.Внедрение системы четкой адаптации сотрудников 3.Формирование норм регуляции социального поведения сотрудников в компании: обратная связь, касательно изменений, происходящих в компании и затрагивающих непосредственно интересы сотрудников 4. Мотивация может осуществляться следующими путями: **- Вовлеченность сотрудников: участие сотрудников в принятии решений определенного формата:** решения, затрагивающие цели и задачи работы конкретного отдела и конкретных сотрудников данного отдела **- Постановка SMART-целей: наличие конкретно заданных рамок:** стратегические цели и задачи отдела, тактические цели и задачи сотрудников отдела **- признание заслуг сотрудников:** моральная мотивация вербального характера по отношению к сотрудникам со стороны административного	1.Обеспечение лояльности сотрудников к компании Формирование социальной политики и пакета компенсаций: 1. Медицинское страхование 2. Повышение квалификации сотрудника в целях компании 3. Поощрение ведения здорового образа жизни 4. Предоставление внутренних кредитов или ссуд

	персонала, мотивация, документально оформленного характера: наличие в каждом магазине презентационных досок с информацией о лучших продавцах: - поименно отмечать сотрудников отличившегося филиала и, возможно помещать их фотографии на стенде в центральном офисе, на корпоративном сайте, в корпоративном издании **- перспектива личностного и профессионального роста сотрудников:** инициативы со стороны административного персонала о формировании деловой карьеры вверенных им сотрудников, о предоставлении инициатив и перевода на вакантные позиции **- вера в возможность достичь желаемого:** постоянная мотивационная работа, посредством воодушевления сотрудников в ценности, стабильности и конкурентоспособности компании. Данная работа осуществляется Начальниками отделов, Директорами магазинов, а также посредством позиционирования компании на рынке **- вера в получение обещанного вознаграждения:** своевременная и полная оплата труда	
6. Внедрение системы планирования карьерного роста сотрудников, как основы стабильности кадрового резерва		
Планирование карьеры сотрудников:	1.Внедрение принципа: Organizational career: планирование роста сотрудников, с точки зрения интересов компании	1.Сокращение временных, моральных и материальных издержек в создании работоспособной, эффективной команды

Специализированная лестница продвижения	2. Внедрение специальной программы: исследование карьерных ожиданий сотрудников: формирование личного плана развития сотрудника 3. Формирование внутриорганизационного консультативного центра по управлению карьерой	

Основа плана совершенствования: Формирование корпоративной целостности

Глава 1. План по отбору и приему персонала

1.1 Квалификационное интервью, как инструмент отбора в розничную компанию

Подбор торгового и административного персонала в розничные магазины достаточно ответственный и долгоиграющий процесс. Особую важность в этой связи приобретает опыт и наработки сотрудника, который будет набирать и отбирать персонал.

Продуктивность розничной компании, прежде всего, определяется функциональной деятельностью компетентных реализаторов, стоящих на передовой. Профессиональная и грамотно обученная команда – это основа достижения успешности на рынке. Тем более, это касается торговых компаний, где люди на «переднем фланге» определяют имидж и миссию, которые компания несет в общество.

Некоторые управленцы не уделяют данной работе с персоналом должного внимания. Таким образом, на работу принимаются люди, по принципу: «Откликнулся - взяли». Однако, при таком подходе практически невозможно создать по-настоящему сплоченную и профессиональную команду, работающую на внешних и внутренних заказчиков.

Говоря об управлении розничной сетью и продажами, следует иметь в виду значение найма торгового персонала. Эффективная работа отдела продаж начинается с необходимости подбора компетентного сотрудника, отвечающего определенным квалификационным требованиям. Причем, необходимо помнить, что у каждой компании свои индивидуальные запросы и требования. Кто-то ждет идеального сервиса в обслуживании клиентов, кто-то – наоборот, более ценит динамику в наработке клиентской базы, посредством активных и агрессивных продаж. Соответственно, этому происходит формирование системы компетенций для той или иной должности.

Начать следует с того, что набор и отбор подходящих кандидатур на должность – это разные вещи, их нельзя соотносить. Отбор является более конкретной и щепетильной процедурой, позволяющей детально проработать личность того или иного кандидата на должность. Его основой являются диагностирующие мероприятия с соискателями.

Сначала давайте рассмотрим основные правила при приеме на работу сотрудника.

Основные правила, которых следует придерживаться:

Постоянно помните, на какую должность подбираете сотрудника – составьте:

1. *Квалификационную карту*
2. *Карту компетенций*

Примеры квалификационной карты (кратко):

Продавец:

1. *Образование: Высшее, средне-специальное (техническое)*
2. *Опыт работы: 1 год (желательно по профилю)*
3. *Знание системы принятия заказа и обслуживания клиентов*
4. *Навыки подготовки заказа на продажу компьютерной техники*
5. *Отличное знание компьютерной техники и комплектующих*
6. *Навыки работы с 1С Бухгалтерия*
7. *Опыт работы с документами*
8. *Ведение отчетов о продажах*
9. *Формирование прайс-листов*
10. *Создание клиентской базы*
11. *Стрессоустойчивость*
12. *Коммуникабельность*

Директор по продажам:

1. *Образование: Высшее (техническое/ экономическое/ MBA)*
2. *Опыт работы: от 3-х лет на руководящей позиции*
3. *Навыки стратегического планирования*
4. *Навыки создания планов развития филиала*
5. *Навыки разработки мероприятий по стимулированию продаж на местах*
6. *Навыки анализа и прогнозирования продаж*
7. *Знание техники продаж , B2B, B2C*
8. *Навыки планирования объемов продаж*
9. *Знания основных систем и техник мониторинга конкурентов*
10. *Навыки подготовки отчетов*
11. *Навыки работы с 1С Бухгалтерией, базами данных*

Пример карты компетенций (кратко):

Директор по продажам:

1. Склонность к системному мышлению
2. Практический интеллект
3. Адаптационная мобильность
4. Эмоциональное и деловое лидерство
5. Профессиональная уверенность
6. Управленческие навыки: организация, делегирование, контроль

Вопросники, диагностические методики, собственные навыки «чтения» психологии того или иного соискателя – это тот набор требований к сотруднику, который будет осуществлять набор.

Процесс поиска и подбора персонала должен быть максимально открытым и строгим, и проводиться в соответствии со следующей схемой:

Схема поиска и подбора персонала

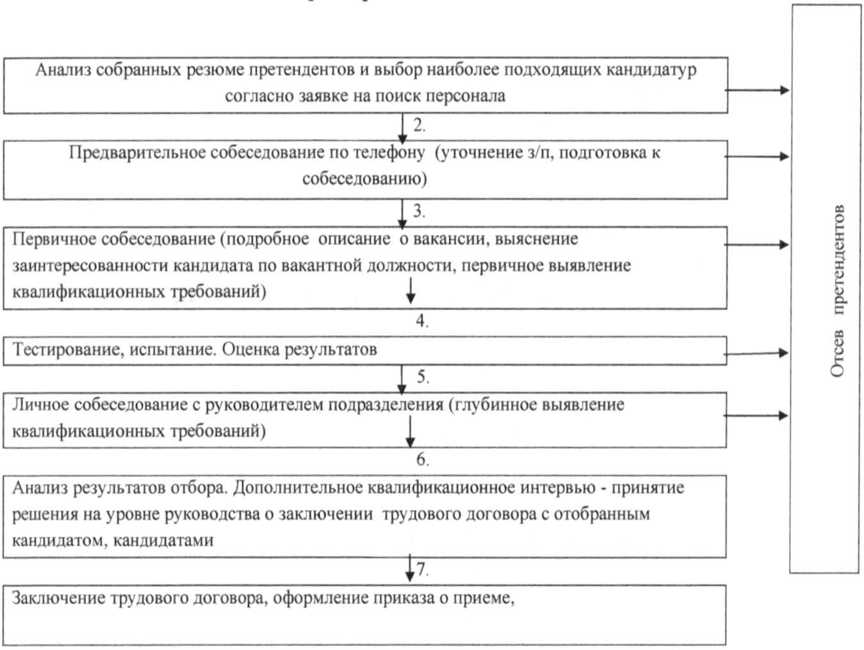

Теперь рассмотрим структуру проведения собеседований с соискателями. За основу возьмем 3 оценочных интервью.

Первое собеседование:

Это универсальное собеседование, как для продавца, так и для директора по продажам на первом этапе, из которого работодатель узнает основные социальные данные о кандидате. Данное интервью типичное, скорее это обзор квалификационных требований к кандидату, также здесь можно задать раскрывающие кандидата вопросы:

1. Вы без труда смогли найти наш офис?
2. Что вы знаете о нашей компании?
3. Как вы узнали об этой вакансии?

На этом этапе собеседования с кандидатом выявляются необходимые работодателю профессиональные и личностные характеристики кандидата. Здесь мы можем оценивать следующие профессиональные навыки:

1. Мотивация
2. Контакт
3. Организация работы
4. Принятие решений

Навык: Мотивация – имеет ли опыт работы кандидата непосредственное отношение к обязанностям, которыми обладают сотрудники компании работодателя; имеет ли кандидат опыт в обслуживании клиентов. Вопросы, которые мы можем задать кандидату в этой связи следующие:

1. Расскажите о вашем опыте работы
2. Почему вы хотите получить эту должность?

Навык: Контакт – уверен ли кандидат в себе, в своих способностях, не возражает ли он против здоровой критики. Вопросы, которые мы можем здесь задать кандидату следующие:

1. Чем вы больше всего гордитесь за свою карьеру или в образовании?
2. Если вы получите эту должность, кем и где вы себя видите через 2 года?

Навык: Организация работы – любит ли кандидат работать в быстром темпе? Способен ли выполнить многое за короткий период времени? Не против ли, что ситуация меняется время от времени? Вопросы здесь могут быть следующими:

1. Вы предпочитаете работать в быстром темпе, выполняя разную работу, или вы больше предпочитаете медленный темп, который требует большего внимания к деталям?

2. Каким вы видите своего начальника?

Навык: Принятие решений – принятие на себя ответственности за профессиональные действия. Вопросы могут быть следующими:

1. Расскажите об одном из навыков работы, который вам тяжело дается?
2. Вас когда-нибудь увольняли? За что?

Результаты первого собеседования:

Профессиональные навыки	***Минимально допустимая оценка (определить до собеседования)***	***Оценка***
Опыт работы		
Уверенность		
Активность		
Принятие решений		
Выполняет ли кандидат минимальные требования? Да (переходим к 3 интервью) Нет (Интервью не рекомендуется)		
Комментарии:		

Технология собеседования административного персонала розничного магазина

Второе квалификационное собеседование: Директор по продажам

Это собеседование позволяет оценить следующие лидерские способности кандидата:

1. Развитие непосредственных подчиненных
2. Управление перспективами и целями
3. Мотивация сотрудников
4. Оперативность действий при выбранной стратегии

Навык: Развитие непосредственных подчиненных – в состоянии ли кандидат давать сложные задания подчиненным, проводить, по крайней мере, раз в месяц обсуждение дальнейшего развития подчиненного, знает ли он карьерные цели каждого своего сотрудника?

Вопросы:

1. Опишите ситуацию, когда все попытки «продвинуть» продавца или другого сотрудника не увенчались успехом?

Наводящие здесь вопросы:

- Как вы справились с ситуацией?
- Какой метод или способ вы использовали, чтобы продвинуть сотрудника?
- Чтобы вы сейчас сделали по другому?

2. Расскажите случай, когда вы наняли на работу сотрудника, который не обладал необходимыми для этого навыками?

Наводящие здесь вопросы:

- На какую должность?
- Почему вы изначально приняли этого человека?
- Какой был результат?

Навык: Управление перспективами и целями – вдохновенно ли кандидат обсуждает очевидные перспективы, цели и возможности не только на сегодняшний день, но и на будущее?

Вопросы:

1. Опишите ситуацию, когда вам приходилось описывать перспективы на будущее?

Наводящие вопросы здесь:

- В какой ситуации?
- Кто был адресатом?

Почему это описание или сообщение было важным?

2. Расскажите о ситуации, когда вам приходилось настраивать команду на новшества в компании?

Наводящие вопросы:

- Почему группа не была настроена изначально?
- Какие самые большие препятствия встретились на пути?
- Каким был результат ваших попыток?

Навык: Мотивация сотрудников – умеет ли кандидат создавать климат, в котором сотрудники будут выкладываться на 100%, а он сможет увидеть и развить сильные стороны и таланты каждого сотрудника?

Вопросы:

1. Расскажите о том, как вам удавалось вдохновлять своих сотрудников?

Наводящие вопросы:

- Какой подход вы использовали?
- Как вы приняли решение о том, какой тип мотивации лучше использовать в данной конкретной ситуации?
- Каким был результат?

2. Опишите ситуацию, при которой вы могли влиять на сотрудников, которые напрямую вам не подчиняются?

Наводящие вопросы:

- В какой ситуации?
- Как вам удалось влиять на них?
- Каким был результат?

Навык: Оперативность действий при выработанной стратегии – умеет ли кандидат точно предвидеть последствия будущих направлений, обладает ли он достаточным объемом знаний, для того, чтобы точно представлять себе картину будущих возможностей.

Вопросы:

1. Расскажите о том, когда вы разработали бизнес-план или стратегию?

Наводящие вопросы:

- Что это был за план или стратегия?
- Каким образом происходило ее внедрение?
- Какими способами вы ее презентовали для других?
- С какими сложностями вы столкнулись?

2. Опишите ситуацию, когда вам эффективно удалось решить проблему, связанную с профессиональной деятельностью?

Наводящие вопросы:

- В чем состояла проблема?
- Как вам удалось решить ее?
- Какие подходы вы предприняли для решения проблемы?
- Какие возможные последствия для себя вы рассматривали?
- Каким был окончательный результат?

Оцениваем второе собеседование:

По каждому навыку необходимо сравнить поведение, которое демонстрировал кандидат, с примеры поведения, приведенными в таблице, и оценить кандидата по каждому навыку:

Развитие сотрудников		
Слабые стороны ←→ Сильные стороны		
1 2	3	4 5
Недостаточно опыта в развитии подчиненных: Давал советы по развитию только когда спрашивали Развитие сотрудников происходило только на семинарах и лекциях Фокусируется только на слабостях и игнорирует сильные стороны сотрудников Не вдохновляет сотрудников на серьезное восприятие развития	Есть некоторый опыт в развитии подчиненных: Помимо запланированных встреч для оценки работы, регулярно встречался с сотрудниками/ командой для обсуждения елей и развития Пытался найти возможности помочь другим в развитии Определял ожидания и ресурсы, чтобы добиться личных и профессиональных целей Регулярно обсуждал работу и развитие, предлагал план необходимых действий Мог определить уровень подготовки каждого члена команды	Является экспертом в развитии подчиненных: Определял и развивал потенциал у слабых сотрудников Убеждал подчиненных предоставлять планы личного и профессионального развития Предоставлял членам команды необходимые для работы инструменты Мотивировал сотрудников к обучению и совершенствованию навыков, необходимых для достижения целей Часто обсуждал с сотрудниками процесс их профессионального развития Вдохновлял сотрудников на развивающие самостоятельные знания
Комментарии:		

Управление перспективами и целями

<table>
<tr><td colspan="6">Слабые стороны ⟷
Сильные стороны</td></tr>
<tr><td>1</td><td colspan="2">2</td><td>3</td><td>4</td><td>5</td></tr>
<tr><td colspan="2">Недостаточно опыта в управлении перспективами и целями:
Не принимал участия в формировании долгосрочных целей и перспектив в работе
Четко не формулировал концепцию и стратегию развития подразделения
Не смог сопоставить действия с результатами и поделиться с сотрудниками целями и перспективами
Недостаточно харизмы и страсти, чтобы вдохновлять и заряжать энергией других
Не дает четкого представления о том, как ведется работа в подразделении
Не сопоставляет перспективы компании с ежедневными достижениями команды</td><td colspan="2">Достаточно опыта в управлении перспективами и целями:
Принимал участие во всех проектах и инициативах, постоянно общаясь с сотрудниками
Осознавал значение каждого решения для компании
Всегда сообщал основную задачу сотрудника, проекта, команды
Был оптимистичным, говорил о возможных вариантах</td><td colspan="2">Является экспертом в управлении перспективами и целями:
Выработал и донес до всех стратегии, одобренную высшим руководством
Постоянно демонстрировал способность убеждать других принять новое направление или стратегию
Влиял на стратегическое мышление других</td></tr>
<tr><td colspan="6">Комментарии:</td></tr>
</table>

<table>
<tr><td colspan="5">Мотивация сотрудников</td></tr>
<tr><td colspan="5">Слабые стороны ⟷
Сильные стороны</td></tr>
<tr><td>1</td><td>2</td><td>3</td><td>4</td><td>5</td></tr>
</table>

Недостаточно опыта в мотивации сотрудников: Не установил четких ожиданий для своих сотрудников Не делегировал обязанности непосредственным подчиненным Помогал и поддерживал только «любимчиков» Придерживался принципа: «Один стиль работы подходит всем» Не поощрял успехи и достижения команды	Достаточно опыта в мотивации сотрудников: Сотрудничал с командой, чтобы достичь необходимых результатов При принятии решений учитывал мнение команды Ежеквартально требовал от сотрудников, коллег и членов команды конструктивную обратную связь Определял сильные и слабые стороны каждого члена команды и предлагал им должности, в которых они могли преуспеть Мог оценить результат работы сотрудников по достижению целей Четко формулировал желаемые конечный результат и позволял подчиненным обладать планом по его достижению	Является экспертом в мотивации подчиненных: Брал на себя ответственность за слабые результаты команды и улучшал их работу с помощью наставничества и тренингов Создал атмосферу, хотят и в состоянии выложиться на 100% Умело определял и применял индивидуальные способы мотивации Реорганизовывал команду, учитывая интересы и навыки каждого члена команды, что приносило отличные результаты Мотивировал команду на проекты, с точки зрения их интересов и талантов каждого
Комментарии:		

Оперативность действий при выработанной стратегии				
Слабые стороны ⟷ Сильные стороны				
1	2	3	4	5
Недостаточно опыта: Предыдущий проект не увенчался успехом из-		Достаточно опыта: Всегда сообщал о возможных		Является экспертом Создал инновационный способ ведения бизнеса

за непредсказуемых или очевидных преимуществ конкурентов Был удивлен, узнав о предсказуемом препятствии, которое и разрушило проект Не адаптировал стратегию работы к изменениям на рынке Не обладал способностью объединять различные элементы в единую стратегию Реагировал на сиюминутные проблемы, не обращая внимания на будущие события Мало знал о ведении бизнеса и событиях в мире	препятствиях на пути и соблюдал временные рамки Следил за изменениями в бизнесе, участвуя в корпоративно-финансируемых встречах Созывал команду, чтобы подготовить ее к будущим изменениям и оценивал результат Четко формулировал команде перспективы и цели на будущее Создавал и контролировал создание успешного стратегического плана	Оценивал множество аспектов и управлял пересекающимися функциями Предсказывал новые технологии, которые помогли бы компании осознать преимущества конкурентов и избежать потерь Стратегически помогал отделу получить максимум от возможностей новых технологий Помогал другим в создании конкурентоспособной и победоносной стратегии Точно определял важные в будущем направления и последствия
Комментарии:		

Совокупные результаты второго квалификационного собеседования:

Навыки работы в отделе	***Минимально допустимая оценка (определить до собеседования)***	***Оценка***
Развитие сотрудников		
Управление перспективами и целями		
Оперативность действий при выработанной стратегии		
Выполняет ли кандидат минимальные требования?		Да (переходим к 3 интервью)

Нет (Интервью не рекомендуется)
Комментарии:

Третье (дополнительное) квалификационное собеседование: Директор по продажам

Если кандидат прошел первое и второе интервью – переходим к третьему. Здесь мы будем оценивать следующие навыки:

1. Умение принимать решения
2. Поиск и подбор персонала
3. Перспективы на будущее
4. Планирование

Навык: Умение принимать решения – кандидат в состоянии принять оптимальное разумное решение, основываясь на различных аналитиках.
Вопросы:

1. Расскажите о случае, когда результат принятого вами решения отличался от того, что вы ожидали?

Наводящие вопросы:

- Чем вы руководствовались, прежде чем принять решение?
- Какой результат вы ожидали получить?
- Какой результат вы получили?

2. Расскажите о случае, когда вы приняли решение, но не были до конца уверены, правильное оно или нет?

Наводящие вопросы:

- Какая была ситуация?
- В чем вы были неуверенны?
- Что вас сподвигло все-таки принять это решение?
- Каким был окончательный результат?

Навык: Работа с персоналом: набор и отбор персоналом – кандидат должен обладать чутьем на талантливых сотрудников, должен набирать профессиональных талантливых сотрудников, не бояться выбирать сильных личностей.
Вопросы:

1. Расскажите о лучшем сотруднике, которого вы наняли?

Наводящие вопросы:

- Что вы увидели в человеке?
- Чем вы руководствовались?
- Что вы могли бы учесть, но не учли?
- Где сейчас этот человек?

2. Расскажите, как вы принимали решение о найме своих сотрудников?

Наводящие вопросы:

- Какими факторами вы руководствовались при принятии решения?
- Чем вы привлекали и как удерживали талантливых сотрудников?
- Что было самым тяжелым в наборе команды?

Навык: Перспективы на будущее – кандидат должен иметь широкий взгляд на проблему или вопрос, должен мыслить глобально, видеть несколько перспектив и выходов решения задачи.

Вопросы:

1. Расскажите о том, как вы составили программу или политику действий на основе другой бизнес-модели?

Наводящие вопросы:

- Какая сложилась ситуация?
- Как вы определили, что модель подходит к вашей ситуации?
- В чем состояла ваша задача?
- Каким был результат?

2. Расскажите о случае, когда проект не имел успеха, потому что не учли всех возможностей?

Наводящие вопросы:

- Какая сложилась ситуация?
- Чем вы руководствовались?

Чем вы не руководствовались?

- Приняв решение, как вы получали дополнительную информацию?

Навык: Планирование – может ли кандидат с точностью оценить длительность и сложность проекта, ставит ли он ориентиры и ели для команды?

Вопросы:

1. Расскажите о самом масштабном проекте, за который вы отвечали?

Наводящие вопросы:

- Что это был за проект?
- Какие шаги вы предприняли, чтобы осуществить этот проект?
- Удалось ли вам соблюсти сроки?
- Каким был результат?

2. Опишите ситуацию, когда планирование значительно затруднило вашу работу?

Наводящие вопросы:

- Какая сложилась ситуация?
- Как это повлияло на вашу ситуацию?
- Какие меры вы предприняли?
- Каким был результат?

Оцениваем третье квалификационное собеседование:

По каждому навыку необходимо сравнить поведение, которое демонстрировал кандидат, с примеры поведения, приведенными в таблице, и оценить кандидата по каждому навыку:

<table>
<tr><td colspan="6">Умение принимать решения</td></tr>
<tr><td colspan="6">Слабые стороны ←————————→
Сильные стороны</td></tr>
<tr><td>1</td><td colspan="2">2</td><td>3</td><td>4</td><td>5</td></tr>
<tr><td colspan="2">Недостаточно опыта в принятии решений:
Принимал решения, не учитывая всех вариантов
Принимая решение, не задавал правильных вопросов
Не использовал ни методы или модели принятия решения, ни определенные способы мышления
Принимал решения, которые не выдерживали испытаний
Не вовремя принимал решения (не</td><td colspan="2">Достаточно опыта в принятии решений:
Одобрил изменения в политике или процедуре, что помогло достичь целей
Принимал решения, которые редко когда отклонялись
Принимал твердые решения, которые со временем помогали достичь желанных результатов
Озвучивал, чем он руководствовался при принятии решения
Всегда предлагал клиентам решения,</td><td colspan="2">Является экспертом в принятии решений:
Умеет принимать решения, которые приводят к положительным результатам
Помогал другим принимать решения, используя различные анализы, мудрость, опыт и проницательность
Позиционировал себя в качестве внутреннего источника знаний для развития проекта и улучшения работы
Сотрудники часто обращались за советом</td></tr>
</table>

укладывался в установленные сроки)	которые оправдывали их ожидания	или с просьбой, помочь решить проблему
Комментарии:		

Работа с персоналом: набор и отбор				
Слабые стороны ⟷ Сильные стороны				
1	2	3	4	5

Недостаточно опыта:	Достаточно опыта:	Является экспертом
Не хватает терпения для того, чтобы найти и отобрать квалифицированных кандидатов Не обозначал конкретных навыков, необходимых кандидату Высокие показатели текучести среди новых сотрудников Высокие показатели текучести, и как показало собеседование, кандидат не подходил на данную должность Высокий процент текучести кадров по сравнению со скромными результатами работы решения	Помогал развитию сотрудников, которых повысили Нанимал сотрудников с разными навыками и уровнями подготовки На основе установленных критерий, мог определить талантливых людей Нанимал разнотипных успешных сотрудников Использовал необходимые оценки/инструменты для того, чтобы собрать как можно больше информации о кандидате (анкеты, собеседования)	Нанимал талантливых сотрудников, которые постоянно переходили на новые уровни ответственности в организации Смог сформировать команду, которая показывала хорошие результаты Сократил уровень текучести в отделе Не боялся принимать на работу нетрадиционного кандидата, поскольку он/она лучше всех подходили на эту роль Привлекал в организацию талантливых, профессиональных сотрудников
Комментарии:		

<table>
<tr><td colspan="15">Планирование</td></tr>
<tr><td colspan="15">Слабые стороны ⟷
Сильные стороны</td></tr>
<tr><td colspan="3">1</td><td colspan="3">2</td><td colspan="3">3</td><td colspan="3">4</td><td colspan="3">5</td></tr>
<tr><td colspan="5">Недостаточно опыта в планировании:
Производил впечатление неорганизованного, недальновидного человека
Не достигал целей из-за неспособности установить реалистичные временные рамки
Не разбивал работу на этапы
Зачастую брался за дело в последнюю минуту</td><td colspan="5">Достаточно опыта в планировании:
Точно оценивал сложность заданий и проектов время на их выполнение
Поддерживал отделы достигал поставленные цели
Разбивал работу на несколько этапов
Точно оценивал ресурсы (людей, время), необходимых для завершения проекта или задания
Оценивал работу на основе поставленных целей</td><td colspan="5">Является экспертом в планировании:
Достигал елей заблаговременно с минимальными затратами
Помогал остальным разбить работу на этапы
Использовал схемы и цели для того, чтобы двигаться вперед и оценивать личный и командный успех
Предугадывал препятствия на пути к завершению проекта и вырабатывал запасной план</td></tr>
<tr><td colspan="15">Комментарии:</td></tr>
</table>

Совокупные результаты третьего квалификационного собеседования:

<table>
<tr><td>Навыки работы в отделе</td><td>Минимально допустимая оценка
(определить до собеседования)</td><td>Оценка</td></tr>
<tr><td>Умение принимать решения</td><td></td><td></td></tr>
<tr><td>Работа с персоналом: набор и отбор</td><td></td><td></td></tr>
<tr><td>Перспективы на будущее</td><td></td><td></td></tr>
<tr><td>Планирование</td><td></td><td></td></tr>
<tr><td colspan="3">Выполняет ли кандидат минимальные требования? Да (переходим к 3 интервью)
Нет (Интервью не рекомендуется)</td></tr>
<tr><td colspan="3">Комментарии:</td></tr>
</table>

Технология собеседования торгового персонала розничного магазина

Принимать человека на должность продавца гораздо сложнее, так как зачастую у кандидата нет даже формального опыта продаж. Жизненный опыт, конечно, играет немалую роль и может косвенно помочь в работе, тем не менее, конкретные компетенции очень важны.

Необходимо обратить особое внимание на следующие шаги при собеседовании кандидата на должность продавца:

1. Провести электронный проверочный тест на знание основ техники продаж. Минимально допустимый проходной балл здесь для продавцов – 50%. Таким образом, кандидат не набравший 50% - не может быть принят на работу (Приложение 1).
2. Процесс приема на должность продавца состоит из трех шагов с привлечением Службы безопасности, которая проверяет биографические данные, Директора по персоналу, который проводит первое ознакомительное интервью с кандидатом, и Директором магазина, который проводит второе заключительное собеседование.

Второе квалификационное собеседование продавца

Это собеседование позволяет оценить следующие качества кандидата:

1. Обслуживание покупателей
2. Общение и сотрудничество
3. Ответственность и независимость
4. Амбиции и отношение к работе

Навык: Обслуживание покупателей – кандидат имеет представление о том, как сделать покупателя довольным, знаком с основной технологией розничной продажи, имеет хорошие коммуникативные навыки.

Вопросы:

1. Расскажите о своем самом лучшем обслуживании покупателей?

Наводящие вопросы:

- Какие ваши качества помогли вам обслужить клиента на высшем уровне?

- Просил ли затем этот покупатель позвать именно вас?

2. Если вы получите эту должность, что вы сделаете, чтобы помочь нашей компании быть впереди конкурентов?
Наводящие вопросы:

- Как вы поможете покупателям?
- Какие свои знания вы привлечете, чтобы быть в работе лидером?

Навык: Общение и сотрудничество – умеет ли продавец доброжелательно вести себя с покупателями, брать на себя профессиональную ответственность, понимает ли важность его вклада в командную работу?
Вопросы:

1. Расскажите о времени, когда вы были частью команды?

Наводящие вопросы:

- Какова была ваша роль в команде?
- Какой вы сделали вклад в команду?
- Какую благодарность вы получили за этот вклад?

2. Расскажите о самом неприятном коллеге, с которым вам когда-либо приходилось работать?

Наводящие вопросы:

- Почему с ним было трудно ладить?
- Как вы с этим справились?
- Каким был результат?

Навык: Ответственность и независимость – выполняет ли продавец то, что обещает и что входит в его непосредственные должностные обязанности?
Вопросы:

1. Опишите ситуацию, когда ваш начальник поручил вам выполнить сложное задание?

Наводящие вопросы:

- Почему выбрали именно вас для выполнения данного задания?
- Что для вас было особенно сложного в данном задании?
- Удалось ли вам выполнить задание?

Навык: амбиции и отношение к работе – проявляет ли продавец желание достигать высоких результатов в работе, демонстрирует ли он соревновательный дух, есть ли у него желание расти как личность и профессионал?
Вопросы:

1. Расскажите о том, как вы поставили себе цель?

Наводящие вопросы:

- Почему вы поставили себе эту цель?
- Как вы планировали ее достичь?
- Каким был результат?

2. Опишите ситуацию, когда вам удалось переманить кого-то на свою сторону?

Наводящие вопросы:

- Почему вы пытались переманить человека?
- Почему для вас это было важно?
- Каким был результат?

Результаты второго квалификационного собеседования:

Навыки работы в отделе	***Минимально допустимая оценка (определить до собеседования)***	***Оценка***
Обслуживание покупателей		
Общение и сотрудничество		
Ответственность и независимость		
Амбиции и отношение к работе		
Выполняет ли кандидат минимальные требования?		Да (оформляем на работу) Нет (прощаемся)
Комментарии:		

Тест на определение профессиональных знаний

Ответьте, пожалуйста, как бы Вы поступили в следующих ситуациях:

1. В течение, какого времени продавец должен подойти к покупателю, если покупателя заинтересовал какой-либо товар?

А. 10 секунд

Б. 1 минута

В. Нет необходимости подходить, покупатель просто зашел посмотреть

1. Если покупатель зашел в магазин. Ваши действия?

А. Поздороваюсь

Б. Буду заниматься своим прежним делом

В. Попрошу другого менеджера подойти к покупателю

2. Продемонстрировать положительное отношение к покупателю можно при помощи:

А. Слов и тона голоса

Б. Позы и контакта глазами

В. Улыбки, внешности и скорости речи

Г. Все перечисленное

3. Какие навыки должен применять продавец на первом подходе?

А. Установление контакта с покупателем, выявление потребностей

Б. Выявление потребностей, презентация товара, расширение продажи

В. Презентация товара, расширение продажи

4. Какие вопросы позволяют эффективно выявить потребности покупателя?

А. Открытые

Б. Закрытые

5. Сколько вопросов необходимо задать покупателю, для выявления потребностей?

А. Пять

Б. Два

В. Количество вопросов не ограничено

6. Какие вопросы на определение потребностей можно задавать?

А. О будущем хозяине покупки

Б. О предпочитаемой покупателем фирме

В. О вкусах и пожеланиях клиента

Г. Все перечисленные варианты

7. В каких случаях при презентации можно использовать жаргонные слова?

А. Запрещено во всех случаях
Б. Если покупатель сам использует жаргонные слова
В. Если покупатель не понимает терминологии

8. Если клиент плохо ориентируется в технических особенностях товара, продавец при презентации товара:

А. Использует техническую документацию
Б. Использует техническую терминологию
В. Использует «язык» выгод

9. Как предложить клиенту аксессуары?

А. Задать вопрос о необходимости аксессуара
Б. Рассказать клиенту о необходимости аксессуара при эксплуатации товара, опираясь на потребности клиента
В. Не задавая клиенту вопросов и, ничего не рассказывая, сразу выписать аксессуары
вместе с товаром

10. При работе с возражениями покупателей необходимо:

А. Принять возражение и вежливо ответить
Б. Проигнорировать возражение
В. Указать на некомпетентность покупателя

11. Стимулировать покупку можно при помощи следующего:

А. Сервиса.
Б. Аксессуаров.
В. Выбора.
Г. Всего перечисленного

1.2 Построение системы адаптации торгового персонала

Эффективность любой деятельности определяется прежде всего наличием и участием в ней компетентных исполнителей, поэтому профессиональная команда — первый шаг к успеху в бизнесе. В большей мере это относится к торговым компаниям, где продавцы фактически определяют их имидж и миссию и могут повлиять на общую стратегию. К сожалению, многие компании пренебрегают работой по обучению персонала, чем наносят ущерб своей работе. Часто отдел кадров принимает новых сотрудников, не проводя с ними предварительный инструктаж, поэтому людям приходится самостоятельно адаптироваться к новым условиям и правилам. В подобной ситуации достаточно сложно создать по-настоящему сплоченную и профессиональную команду, нацеленную на благо клиентов и компании.

Грамотная работа отдела активных продаж зависит не только от подбора сотрудников, но и от проведения профессиональной, социальной и психологической адаптации. Адаптация зависит от специфических целей, которые компания ставит перед своими сотрудниками: идеальное обслуживание клиентов, постоянное увеличение клиентской базы и т.д. Исходя из заявленных компанией целей происходит формирование схемы адаптационных мероприятий для персонала.

Результат работы сотрудников можно получить двумя способами: либо набирая профессионалов своего дела (которым в работе важна лишь материальная мотивация), либо сотрудников, которых необходимо обучить, а затем организовать для них систему наставничества для закрепления полученных знаний.

Адаптация — это комплекс мер, позволяющих ускорить процесс введения нового сотрудника в компанию и в минимальные сроки получить высокий уровень его производственной эффективности. Адаптационные мероприятия разрабатываются с целью ускорения процесса вхождения нового сотрудника в должность и организуются для решения следующих задач:

- достижение нужной степени эффективности работы в минимальные сроки;
- уменьшение количества возможных ошибок, связанных с усвоением функциональных обязанностей;
- сокращение уровня текучести кадров.

В качестве возможных результатов внедрения адаптационных программ выделяются следующие параметры:

- снижение уровня беспокойства и тревожности новых сотрудников;
- повышение удовлетворенности от работы и развитие позитивного отношения к компании;
- получение обратной связи от наставника и линейного руководителя по итогам прохождения испытательного срока.

Адаптационный курс для новых сотрудников состоит из организационного и профессионального этапов.

Организационный этап включает в себя:

- общее знакомство с компанией и ее нормативной документацией;
- предоставление информационных документов, необходимых в работе (например, списка сотрудников с их контактными телефонами, адресов магазинов и т.д.);
- оказание консультативной помощи и назначение наставника на время испытательного срока.

В профессиональный этап входят:

-ознакомление с должностными обязанностями;
- постановка задач на период испытательного срока;
- профессиональное обучение новых сотрудников;
- проверка выполнения поставленных задач в завершение испытательного срока.

Адаптация в обязательном порядке должна проводиться в соответствии с разработанными программами обучающих курсов для разных должностей (например, для директора филиала, менеджера магазина / старшего продавца, продавца, кассира).

Общий контроллинг процесса адаптации может быть реализован посредством распределения ответственности

Распределение ответственности для контроля процесса адаптации:

Должность нового сотрудника	Куратор
Директор филиала	Директор по обучению
Менеджер магазина	Директор филиала
Продавец / кассир	Менеджер магазина

Ответственный за процесс адаптации новичка сотрудник должен выполнить следующие действия:
- организовать знакомство новичка с персоналом компании;
- проинформировать о программе адаптационного курса;
- сформировать график прохождения адаптационного курса;
- провести встречи с ответственными за проведение вводных инструктажей сотрудниками компании.

Адаптационные курсы должны быть направлены на получение и закрепление определенных знаний и навыков в рамках каждой отдельно взятой должности. Далее представлены программы адаптационных курсов, дифференцированных по должностям, в рамках розничного магазина торговой компании.

По завершению адаптационного периода, который длится три месяца, совпадая, таким образом, со временем прохождения испытательного срока, непосредственный руководитель заполняет анкету «Оценка профессиональных качеств сотрудника», которая будет служить основанием для принятия решения о дальнейшей работе сотрудника в компании.

Анкета для оценки профессиональных качеств сотрудника

№	Качества, проявляемые продавцом при продаже	Всегда	Как правило	Редко	Иногда	Никогда
1	Решительность	1	2	3	4	5
2	Честность	1	2	3	4	5
3	Уверенность в достоинствах своего товара	1	2	3	4	5
4	Вера в свои силы	1	2	3	4	5
5	Любовь к своему делу	1	2	3	4	5
6	Открытость	1	2	3	4	5
7	Сосредоточенность на своей цели	1	2	3	4	5
8	Внешний вид, соответствующий профессионалу	1	2	3	4	5
9	Доброжелательность в общении	1	2	3	4	5
10	Умение слушать	1	2	3	4	5
11	Внимательность	1	2	3	4	5
12	Забота о нуждах клиентов	1	2	3	4	5
13	Готовность к действию	1	2	3	4	5

14	Умение сформулировать потребности клиента	1	2	3	4	5
15	Готовность выслушать сомнения и возражения клиента	1	2	3	4	5
16	Отсутствие обиды	1	2	3	4	5
17	Готовность звонить по телефону незнакомым людям (потенциальным клиентам)	1	2	3	4	5
18	Обязательность в выполнении обещаний	1	2	3	4	5
19	Способность привлекать новых клиентов	1	2	3	4	5
20	Готовность реализовывать новые идеи	1	2	3	4	5
21	Настойчивость (в меру)	1	2	3	4	5
22	Умение осознать свои слабости и работать над ними	1	2	3	4	5
23	Инициативность и предприимчивость	1	2	3	4	5
24	Готовность идти на обдуманный риск	1	2	3	4	5

Примечание:

Результаты анкетирования:

25—50 баллов — отлично;

51—75 баллов — хорошо;

76—100 баллов — удовлетворительно, необходима дальнейшая работа;

101—125 баллов — очень плохо, необходимы усилия в области самосовершенствования.

В каждой торговой компании существуют свои обучающие мероприятия для персонала, посвященные разным темам, среди которых техника продаж, стандарты обслуживания клиентов, тренинги по продаже определенного продукта и т.п. Как правило, эти мероприятия разработаны для всего торгового персонала без разделения его на вновь принятых и более опытных сотрудников. Работа по обучению в компании может происходить более продуктивно, если брать за основу фактический материал и наглядные данные. Для более эффективного обучения целесообразнее разработать разные учебные курсы для новичков и опытных сотрудников.

Программа адаптационного курса для должности Директор филиала		
Цель	Задачи	Ответственный
Знакомство с компанией	■ Знакомство с корпоративными правилами, историей, структурой ■ Информирование о правилах использования технических средств (междугородняя связь, мобильная связь, Интернет, локальная сеть)	HR-менеджер
Знакомство с коллективом, введение в должность	■ Представление работника коллективу (знакомство с персоналом подразделений, связанных технологической цепочкой с вновь принятым работником) ■ Определение и закрепление наставника	HR-менеджер
Профессиональная подготовка	■ Ознакомление с поставленными задачами в соответствии с листом учета и оценки испытательного срока ■ Разъяснение принципов выполнения задач, намеченных на адаптационный период ■ Организация систематических встреч (не реже одного раза в два дня) с обсуждением результатов работы и возникающих в процессе начального периода проблем (для региональных магазинов —	Директор подразделения

	организация телефонных конференций)	
Знакомство с основной рабочей документацией «Азбука директора»	■ Знакомство с электронной базой — комплексной информационной системой	Директор по обучению персонала
Инструктаж в подразделениях		
Разделы обязательного инструктажа	**Рассматриваемые вопросы**	**Ответственные лица**
Коммерческий департамент	■ Матрица товаров ■ Товарооборот ■ Основные действия в работе	Коммерческий директор
Департамент маркетинга и рекламы	■ Мерчендайзинг ■ Проведение акций ■ Основные действия в работе	Директор департамента маркетинга и рекламы
Обслуживание клиентов и поведение сотрудников в магазинах	■ Техника и психология продажи ■ Особенности обслуживания клиентов	Директор по обучению персонала
Ревизии, проверки в магазинах	■ Порядок проведения ревизий ■ Система премирования / депремирования ■ Система расчета заработной платы ■ Отчетные документы ■ Основные бизнес-процессы	Менеджер внутреннего контроля
Основные средства и расходные материалы	■ Расходные материалы ■ Основные средства ■ Счета	Менеджер по развитию розничной сети
Бухгалтерия и касса	■ Выписки ■ Ордера ■ Кассовые дисциплины	Главный бухгалтер
Комплексная информационная система (КИС)	■ Создание счетов, накладных, ордеров ■ Формирование отчетов	Преподаватель по КИС
Основы законодательства розничной торговли	■ Основные законы	Юрист

Кадровые вопросы	■ Работа с кадровой документацией по персоналу	Начальник отдела по работе с персоналом
Программа адаптационного курса для должности Менеджера магазина/ продавца/ кассира		
Знакомство с компанией	■ Знакомство с корпоративными правилами, историей, структурой ■ Информирование о правилах использования технических средств (междугородняя связь, мобильная связь, Интернет, локальная сеть) ■ Порядок выплаты заработной платы, табелирование, оплата больничных листов и отпусков ■ Правила трудового распорядка	Специалист по кадровому делопроизводству
Знакомство с коллективом, введение в должность	■ Представление работника коллективу (знакомство с персоналом подразделений, связанных технологической цепочкой с вновь принятым работником) ■ Определение и закрепление наставника ■ Разъяснение обязанностей согласно должностной инструкции ■ Ознакомление с технологическим процессом и выполнением должностных обязанностей	Непосредственный руководитель
Профессиональная подготовка	■ Дистанционное обучение согласно утвержденной программе адаптации торгового персонала ■ Ознакомление с основной рабочей документацией	Тренер по продажам

	«Корпоративные рабочие стандарты» ■ Обучение работе в комплексной информационной системе (КИС)	

Глава 2. План по развитию персонала

2.1 Обучение и развитие, как системообразующие факторы компании

Главным признаком отличия успешной компании от компании усредненных социальных и финансовых показателей на сегодня является персонал компании, как базисный внутренний клиент, от удовлетворенности которого зависит внешний имидж и впечатление о компании на рынке. Необходимо четко управлять 5-ым элементом маркетинга – микс – людьми.

Для того чтобы использовать и реализовать возможный потенциал компании на практике необходимо постоянное совершенствование системы профессионального развития персонала продаж.

Создание внутренней среды, в которой происходит развитие персонала на индивидуальном, групповом и организационном уровне – процесс сложный, требующий структурированного подхода, вовлеченности линейных менеджеров, поддержки высшего управленческого звена, а также применения новейших современных информационных технологий и методик. К сожалению, в настоящее время, как на теоретическом, так и на практическом уровне в этой области существует множество непроработанных проблем.

Во многих организациях функция развития сотрудников сводится к функции обучения, эффективность которой без поддержки таких процедур, как создание кадрового резерва, адекватной системы мотивации на обучение, системы планирования обучения не достигает необходимого уровня развития организации.

В этих условиях требуется выявление ключевых составляющих системы обучения и развития персонала организации, выбор эффективных методик и методов, вариантов их реализации. Далее, необходима методика контроля и оценки результативности программ обучения.

Если говорить о формировании системы обучения и развития персонала продаж в торговой компании, как базиса ее успешного функционирования, следует отметить, что сама проблематика «управления знаниями» является одной из активно обсуждаемых в бизнес среде. Знания и профессиональные компетенции персонала продаж на сегодня являются основным конкурентным преимуществом, повышая, тем самым, и рыночную стоимость компании.

Для любого «продажного» бизнеса, то есть бизнеса, ориентированного на продажи основным критерием успешности является динамика качественных изменений. Для того, чтобы выдерживать конкуренцию и поддерживать стандарты в работе необходимо постоянно двигаться вперед, а не стоять на месте. И ключевым в этом движении будет персонал компании, который находится на передовой, то есть, персонал продаж.

Вложения в знания и навыки персонала продаж – это прямые инвестиции в бизнес. При этом всегда необходимо иметь в виду, что в компании может существовать процесс обучения, а может существовать система.

Процесс обучения, так же, как и сам процесс управления персоналом продаж, появляется тогда, когда в компании появляется новый сотрудник. Его необходимо сначала принять, потом адаптировать, при этом научить работать в соответствии с принятыми стандартами, оценить результаты труда.

Однако процесс обучения персонала продаж во многом стихиен – сотрудников учат спонтанно, ситуационно. В зависимости от того, что сейчас оказалось в приоритете, каких навыков не хватает, такое обучение и будем проводить. Как правило, это классическое (или знаниевое) обучение или навыковые тренинги.

Системное же обучение предполагает, что мы будем учить сотрудников не только тем навыкам, которые необходимы им прямо сейчас, но и развивать у них компетенции, которые понадобятся им в дальнейшем для достижения стратегических целей и задач компании.

По сути, система обучения – это многоуровневый, поэтапный цикл мероприятий, рассчитанный на поддержание и развитие профессионального уровня всего персонала продаж, в соответствии с концепцией и стратегией развития.

Этапами системного обучения являются:

- Постановка целей обучения в соответствии с планами компании на определенный период;
- Определение структуры персонала и политики в отношении каждой категории;
- Анализ потребностей в обучении;
- Выбор форм и методов обучения;
- Выбор провайдера/ ведущего.

Таким образом, задачи системы обучения персонала продаж – это ответы на вопросы:

- Чему учим?
- Кого учим?
- Зачем учим?

- Как будем использовать, и контролировать результаты?

Система обучения в торговой компании предполагает обучение исполнителей (персонал продаж), специалистов, руководителей.

- Исполнителей обучают для того, чтобы компания получила стабильность на рынке и дополнительную экономию ресурсов;
- Специалистов начинают обучать тогда, когда в компании наблюдается горизонтальный рост, то есть, идет функциональное развитие компании;
- Руководителей активно обучают при вертикальном росте компании.

К сожалению, современные торговые компании не всегда придерживаются основных требований и элементов эффективных систем обучения. В основном это бессистемное обучение по запросу. Таким образом, отдельные, зачастую разрозненные программы повышения квалификации не дают того эффекта, которого от них ожидают. Связано это, в-первую очередь с тем, что нет самой основы – обоснованной потребности в конечном результате тренинга, таким образом, отсутствует и посттренинговое сопровождение. Данный подход, является узконаправленным. Здесь не учитывается фактор наставничества и ретрансляции знаний. Таким образом, выполняется только лишь одна функция – передача знаний, без их дальнейшего подкрепляющего сопровождения. В такой ситуации, у персонала не вырабатываются навыки и умения, посредством необходимых постоянных тренировочных мероприятий. Занятия проходят с помощью внутренних тренеров и под их непосредственным контролем. Все остальное время сотрудники предоставлены «сами себе», в плане повышения своей квалификации.

Таким образом, для полной и всеобъемлющей системы обучения персонала продаж необходимо:

1. Включить в программу, обучение всех сотрудников, находящихся в магазине, которые имеют доступ к клиентам. От их профессиональной квалификации: знания ассортиментной линейки, техник обслуживания зависит мнение покупателей о компании в целом;
2. В обязательном порядке включить в программу обучение административного персонала – Директоров магазинов. Программы для данных сотрудников должны содержать основные моменты управленческой деятельности, навыки управления персоналом, более продвинутое обучение по навыкам продаж;
3. Внедрить систему внутренних семинарских занятий, где каждый сотрудник будет самостоятельно изучать материал, и, в дальнейшем

представлять его на обсуждение всем остальным. Данная система позволит стабилизировать систему изучения нового материала, повысит дисциплинированность сотрудников в изучении нового материала, увеличит ответственность Директоров магазинов.

4. Разработать методику развития творческих потенциалов персонала продаж. Внедрить в работу систему мозговых штурмов, круглых дискуссионных столов;
5. Внедрить в работу систему посттренингового сопровождения персонала продаж, когда после завершения взаимодействия тренер предоставляет менеджеру по продажам обратную связь по наблюдаемому взаимодействию, что было сделано правильно, на что в дальнейшем необходимо обратить внимание, предлагает способы выхода из сложившейся ситуации, которые продавец может опробовать тут же, в другом взаимодействии с другим покупателем;
6. Разработать систему хранения и трансляции информационных обучающих материалов – электронная библиотека знаний.

Указанные выше направления в обучении персонала продаж помогут создать более устойчивый базис знаний, навыков и умений всех категорий сотрудников, участвующих в процессе коммуникации с клиентом при продаже товара, что позволит сделать работу прозрачной для понимания, с помощью логично выстроенных алгоритмов рабочих процедур.

Классически основными направлениями обучения персонала продаж в компании являются:

- Продуктовое обучение (то есть, обучение продукту и технологиям). Довольно часто подобное обучение проводят поставщики продукции (вендоры). Такое обучение называется вендорным. Основные задачи, в рамках этого обучения в рознице – это отличное знание ассортимента (обучение продукту) и принятых в компании стандартов обслуживания клиентов (обучение технологиям). Именно эти две составляющие являются основными показателями работы персонала продаж. С этих позиций и необходимо выстраивать систему обучения персонала продаж. Подобные тренинги и семинары должны включать в себя ассортимент продукции, специфику продажи того или иного продукта. Как правило, такое обучение проводят специалисты поставщика (или вендора) или сертифицированные внутренние тренера. Но в большинстве случаев внутренние тренеры выступают именно в качестве организаторов такого обучения. Нельзя пренебрегать этим направлением, поскольку, чем более подробно, точно и качественно продавцы будут знать товар или продукцию, которую продают, тем в большей степени их действительно можно назвать консультантами для клиентов. Такое обучение крайне важно для создания конкурентного преимущества на рынке. Кроме того, это немаловажный фактор нематериальной мотивации и относительных доходов торгового персонала. Такое обучение может идти достаточно часто, периодичность зависит во многом от потребностей самой компании и возможностей поставщика. Учитывая, что поставщиков может быть много и ассортимент продукции достаточно большой, подобные семинары могут организовываться на ежемесячной основе. Достаточно часто к обучению поставщики, для повышения продаж своей продукции, могут совместно с компанией-работодателем объявлять конкурс на продажу какой-либо продукции, и победитель в таком конкурсе может получить интересный приз, или иное вознаграждение, что является прямой взаимосвязью с мотивационной политикой.

- Обучение технологиям продаж или стандартам обслуживания – это второе, не менее важное направление. От того, по каким стандартам и с применением каких технологий будут обслуживаться клиенты во многом будет зависит то, придет ли покупатель второй раз в магазин. Технологичность или стандартизированность обслуживания, по сути, работает на экономику компании. Поскольку такая одинаковость позволяет более или менее точно оценивать эффективность бизнеса, а также выстроить регламентность бизнес-процессов. Такая технологичность работы продавцов поможет в дальнейшем сформировать адекватную мотивационную схему для них.
- Обучение управленческого состава важно именно для решения стратегических задач компании. То, насколько грамотно и адекватно используют управленческие инструменты руководители, влияет на то, как происходит процесс удержания сотрудников, насколько эффективно и результативно достигают целей и поставленных задач.
- Специфическое обучение проводится, как правило, ситуационно, то есть, под запрос или необходимость.

В рамках усовершенствования системы профессионального обучения персонала продаж ставятся следующие уровни рассмотрения задачи:

- Первый уровень: обучение и адаптация новых сотрудников, которое включает в себя обеспечение «новичков» необходимым уровнем технических знаний о продуктах, технологиях, техниках работы с клиентами и основными правилами в работе. Важным моментом здесь является закрепление за новым сотрудником наставников, которые реализуют систему адаптации и помогают новому продавцу справляться с необходимыми задачами на период стажировки и испытательного срока. Эту роль можно отвести – Директорам и Менеджерам магазинов;

- Второй уровень: обучение опытных продавцов, которое проводится на основе данных диагностики потребности в обучении, результатах продаж, аттестации, индивидуальных запросов и отзывов непосредственного руководителя. Важное условие здесь – обучение должно быть четко встроено в стратегические цели и задачи компании. Роль модератора данных тренинговых мероприятий можно отвести – Внутренним тренерам Компании.

Третий уровень: обучение административного состава магазина. Его следует ориентировать на задачи компании, результаты и уровень профессиональной управленческой компетентности. Данное обучение может проводиться как внутренними тренерами компании, так и внешними обучающими провайдерами.

По направлениям реализации обучение персонала продаж необходимо реализовать с помощью:

- Внутреннего обучения – это своевременное обучение и развитие персонала в соответствии с целями и задачами, которые Компания планирует решать с помощью внутренних обучающих ресурсов. Таковыми ресурсами может являться – Учебный Центр. Структура Учебного Центра может быть следующая:

Руководитель Учебного Центра: Координация работы Подразделения, концепция построения системы обучения, разработка, апробация и внедрение обучающих, аттестационных программ для персонала, обучение персонала – проведение тренинговых программ;

Технический тренер: Техническое сопровождение сотрудников Компании: размещение технических описаний товаров, написание технических статей. Ведение технической рассылки для персонала Компании. Разработка обучающих материалов, проведение технических семинаров для персонала;

Тренер по продажам: Разработка обучающих программ для персонала – написание презентационного материала по нормативной документации, технике продажи, разработка прикладных пособий для менеджеров. Обучение персонала – проведение тренинговых программ.

Региональный тренер: Работа в регионах: проведение обучающих мероприятий с персоналом по техническим характеристикам товара, технике продаж, аттестация персонала на местах. Разработка презентационных материалов.

Согласно основным вышеозначенным направлениям фронт работы необходимо распределить между сотрудника обучающего подразделения. Обучение, выходящее за рамки профессиональных компетенций Тренеров Учебного Центра может осуществляться с помощью внешних обучающих провайдеров.

Внешнее обучение персонала продаж – это своевременное обучение и развитие персонала в соответствии с целями и задачами, которые компания планирует решать с помощью внешних обучающих мероприятий. К данным мероприятиям относятся обучающие программы для высшего звена менеджмента (Международные сертифицированные программы, MBA), среднего звена менеджмента (Стратегический, операционный менеджмент).

Обучение персонала продаж можно формировать на основе стратегического плана развития и обучения персонала, в срок на 6 месяцев, после очередного тура аттестационных мероприятий.

Для начала формирования системы обучения в компании необходимо рассмотреть наличный уровень развития системы обучения в компании.

В-первую очередь определяем основные корпоративные компетенции – это, как вариант могут быть, качество, ответственность, честность, компетентность, надежность. Согласно этим компетенциям, то есть, тому, чем в результате должен обладать персонал продаж формируем систему развития и обучения. Особое внимание уделяем трансперентности данной системы для самого персонала продаж, это поможет сформировать необходимый уровень лояльности, в том числе и к процессу самого обучения, в котором им придется принимать активное участие.

Таким образом, основными целями развития и обучения персонала продаж можно сформулировать:

1. Внедрение системы качественной внешней и внутренней коммуникации, что в итоге приведет к обеспечению имиджа для внутреннего клиента/ обеспечению имиджа для внешнего клиента;
2. Разработку четкой системы обучения, согласно корпоративным компетенциям, в результате чего можно ожидать повышение образовательного уровня, и, повышение себестоимости Компании на рынке;

Основными задачами при достижении необходимых результатов можно поставить:

1. Формирование плана внутреннего обучения персонала;
2. Разработку моделей корпоративных компетенций: стандарты в работе персонала;
3. Непрерывное повышение профессионального уровня персонала продаж, путем проведение тренинговых и семинарских мероприятий;
4. Профессиональную и психологическую диагностику персонала – аттестация персонала;
5. Информационное насыщение внутреннего электронного портала (Intranet) секции: Обучение персонала.

Основными рабочими процедурами для достижения необходимых результатов в работе по обучению персонала продаж будут:

1. Регулярное управление персоналом (контроллинг):
   - Управление на основе формализованных процедур: стандарты в работе;
2. Процессное управление персоналом:
   - Непрерывное развитие и обучение персонала;
3. Менеджмент эффективности персонала:
   - Аттестация и проверка знаний персонала.

Основными ресурсами при реализации вышеозначенных программ являются:

Таблица 1.

Основные ресурсы	***Возможные трудности***	***Пути преодоления***
Людские ресурсы в подразделение	Соответствующая квалификация	Обучение: передача знаний и опыта
Профессиональная ответственность линейных руководителей (Менеджеры магазинов)	Сопротивление внедряемым новшествам и технологиям в работе	Прописанные инструкции и приказы о внедрении новых методов в работу
Помощь во внедрении от смежных отделов Компании	Понимание общих целей и задач	Разъяснение общих целей и задач

Первым шагом построения системы развития и обучения персонала продаж является унификация всей рабочей документации по обучению персонала продаж. Необходимые документы:

1. Программа обучения персонала продаж АО «…»;
2. Положение об аттестации персонала продаж АО «…»;

3. Положение по мотивационной политике АО «…»;

4. Положение об обучении персонала продаж АО «…»;

5. Формирование полного пакета стандартов в работе персонала продаж АО «…»;

6. Формирование корпоративного пособия: Книга корпоративных рабочих стандартов АО «…».

Далее, вторым шагом необходимо стандартизировать основные рабочие процедуры персонала продаж и сформировать основные пакеты обучающих программ, градированных по должностям. Таким образом, в наличии необходимо иметь (в качестве варианта для внедрения):

1. Пакет обучающих программ для Директоров филиалов – Азбука Директора;
2. Пакет обучающих программ для Менеджеров магазинов – Рабочая тетрадь Менеджера магазина;
3. Пакет обучающих программ для полевого персонала – Школа Продавца.

Когда подобрали необходимые программы обучения, строим процесс работы персонала продаж, согласно основным обучающим элементам. Таким образом, мы формируем корпоративные стандарты в работе персонала.

Стандарт – это набор определенных правил и действий сотрудника на рабочем месте – своеобразный алгоритм в обслуживании клиентов.

Для стандартизации работы персонала продаж и введения единого порядка во всех магазинах Компании необходимо внедрить основные нормы и правила. Данные, сформированные документы помогают не только в организации системы контроля, но и служат определенным адаптационным проводником для новых сотрудников. Таким образом, стандарты это довольно эффективный инструмент, при правильном их использовании и грамотном внедрении.

Давайте рассмотрим на практике:

Ситуация обучения и соответственно единого базиса в работе персонала продаж АО «…» имеет следующую схему: по городу-флагману компании обучение ведется непрерывно, как специфического, так и психологического направления. По регионам обучение непосредственное, с участием тренера ведется избирательно, в основном это опосредованное обучение, через информационные рассылки.

Проблемы возникают и с той и с другой стороны, поскольку информация, предоставленная на тренинге (в письменном виде –

раздаточный материал), либо в рассылке зачастую там и остается, то есть, в электронном виде, не прочитанная менеджером. Отсюда и невысокие результаты в работе, сервисе компании. Данную практику со временем подвергалась корректировкам и постоянно усовершенствовалась. Для этого необходимо внедрить, во-первых, ***корпоративные стандарты в работе*** и, во-вторых, ***корпоративную книгу продаж.*** Ожидаемым результатом подобных внедрений будет повышение доходности Компании, посредством следования внутрифирменным нормам ведения бизнеса. Эта система помогла, как самим менеджерам в работе, так и Директорам, с точки зрения адаптации новых сотрудников.

Стандарты – это не учебник, в них нет и не должно быть пространных объяснений и вводных предложений. Это конкретные, готовые к использованию действия и фразы, которые помогут в планировании рабочих действий менеджеру.

Схема программы по внедрению стандартов строится в соответствии с определенной системой:

1. Документальное заверение стандартов руководящим составом компании
2. Ознакомление Директоров и сотрудников со стандартами под подпись (HR-менеджер/HR-Директор)
3. Проведение тренинговых мероприятий для закрепления алгоритмов в работе (тренинг-менеджеры) – Тематические ролевые игры
4. Утверждение корпоративного пособия в помощь полевому персоналу в работе – Корпоративная книга продаж

Изначально могут быть поставлены и реализованы следующие задачи:

1. Стандарты должны быть документально заверены в качестве инструкции следования
2. Стандарты должны находиться в каждом магазине и быть проводником в должность для новых сотрудников и информационным бюллетенем для более опытных менеджеров

Информационное внедрение стандартов в обязательном порядке должно сопровождаться тренинговыми мероприятиями с магазинами. Таким образом, все стандарты должны быть объяснены, отработаны и закреплены на тренингах.

Корпоративная книга продаж – это интеллектуальная собственность компании, она отражает стандарты и эффективные стратегии повышения доходности компании.

Ожидаемым результатом внедрения в компании подобного пособия, будет техническая поддержка персонала продаж и информационная подсказка в сложных и проблемных ситуациях в продаже.

Данное пособие очень конкретное и практическое. Это конкретные, готовые к использованию действия и фразы, которые помогают продавцу найти наиболее адекватный и подходящий выход из затруднительной ситуации в продаже. Внедрение данного пособия необходимо осуществлять следующим образом:

Ставим задачи:

1. Пособие должно находиться в каждом магазине компании и быть своеобразным проводником в должность не только новых сотрудников, но и информационной шпаргалкой для более опытных менеджеров
2. Пособие должно быть в печатном виде и «не в столе». То есть, это «документ» согласно которому продавцы строят свою профессиональную деятельность. Все это делается в помощь менеджеру в работе и при сдаче аттестационных мероприятий в компании.

Информационное внедрение данного пособия в обязательном порядке должно сопровождалось тренинговыми мероприятиями с магазинами, таким образом, все главы из пособия были отработаны и закреплены на тренингах. Структурно пособие состояло из пяти последовательных глав:

1. **Техника и психология продажи -** это сборник языковых и повседневческих шаблонов, специально адаптированных под продукты и услуги компании, под принятые в ней нормы и формы продажи и под основные типы клиентов компании

   - Шаг 1: Учимся продавать: Технология профессиональной эффективности

Пакет тренинговых мероприятий здесь была следующая:

- Техники персональной заинтересованности в продажах
- Фокус и ориентация на клиента в продаже
- Техники стимулирования в розничных продажах
- Этапность и динамика в продаже
- Адаптация клиента к товару

2. **Техника и психология обслуживания клиентов** – это работа с конфликтными покупателями, навыки общения и продажи посредством телефона и основные правила в общении с иностранными покупателями

   – Шаг 2: Учимся корректному обслуживанию: На пути к гармоничному сервису

Пакет тренинговых мероприятий здесь был следующим:

- Конфликты в продажах: работа с жалобами и претензиями покупателей
- Конфликтные покупатели: управление конфликтными ситуациями в продажах
- Техники психологического айкидо в разрешении конфликтных ситуаций
- Изучение кросскультурных особенностей покупателей-иностранцев
- Подстройки к поведению и реакциям покупателей-иностранцев
- Изучение и навыки использования иностранной лексики в продаже

3. **Техника продажи корпоративному клиенту**

   – Шаг 3: Искусство моделирования продажи корпоративному клиенту

Пакет тренинговых мероприятий здесь была следующая:

- Технология поиска и привлечения корпоративного клиента
- Диагностика клиента, его покупательской способности
- Технология переговоров в процессе корпоративной продажи
- Технологии работы с личным интересом корпоративного клиента
- Формирование лояльности корпоративного клиента к компании

4. **Опытный переговорщик**

   – Шаг 4: На переговорах с клиентом

Пакет тренинговых мероприятий здесь была следующая:

- Внутренняя коммуникация: Деловая беседа: навыки общения с коллегами, подчиненными
- Внешняя коммуникация: на переговорах с партнерами

5. **Знания технологического характера**

Данная глава делится на две составляющие:

а) маркетинговые стратегии продвижения товара клиенту, в которой рассматривается вся товарная линейка компании, с подробным описанием конкурентных преимуществ того или иного товара клиенту.

б) словарь функциональных терминов по продуктам. Данный словарь включает в себя не только классические понятия, но и информацию по последним модификациям и разработкам

Опосредованная работа по обучению, посредством Корпоративной книги продаж может дать компании ощутимые результаты в плане общей упорядоченности работы магазинов компании и мобильности в разрешении сложных и спорных ситуаций с клиентами.

Отдельно следует оговорить, отдачу данного пособия в плане, как первичной адаптации персонала, так и дальнейшей его приверженности. Книга объединяет в себе три главных принципа адаптации: организационную, социально-психологическую и профессиональную: посредством книги происходит принятие установленных форм, норм и правил межличностного общения в компании.

Таким образом, данное пособие является эффективным инструментом управления, в том числе и мотивационными настроениями сотрудников: причисление себя к успешной, динамично развивающейся компании создает у них дополнительную лояльность и чувство безопасности.

Целью всех этих преобразований в конечном итоге станет создание условий, поддерживающих у сотрудников желание самосовершенствоваться и стимулирующих их к наиболее продуктивной работе, в том числе и по удержанию клиентов.

Проанализировав наличный опыт, сформировав пакеты необходимой нормативной документации и поставив задачи к реализации необходимого результата в обучении персонала продаж мы можем приступить к формулированию основных концептуальных элементов системы развития и обучения персонала продаж.

Для начала проанализируем специфику розничной торговли и необходимые действия по формированию обучающей системы:

Специфика розничной торговли	**Необходимые действия**
Географическое распределение сотрудников	Единая система обучения для всей сети
Текучесть кадров	Передача знаний и навыков, которые позволят сотрудникам быть более уверенными в себе и не менять место работы Эффективные по времени и стоимости модели быстрой подготовки новых сотрудников

Быстрое изменение потребностей	Быстрое изменение и адаптация учебных материалов Контроль версий, актуальные описания продуктов
Измерение результатов обучения	Системы отслеживания прогресса и анализ процесса изучения курса и достигнутых результатов Связь с результатами бизнеса

Исходя из специфики розничной торговли и запланированных действий план построения системы обучения и профессионального развития персонала продаж может выглядеть следующим образом:

Основная идея:

Обучение персонала продаж:

- Проведение активных обучающих мероприятий для персонала продаж (специфические характеристики товара + психология);
- Разработка аттестационных мероприятий для персонала продаж (2 раза в год: февраль/ август));
- Создание мини-библиотеки обучающих материалов: электронная библиотека/ реальная библиотека;

Цель:

Повышение профессионализма персонала продаж путем непрерывного обучения:

1. Улучшение результативности продаж продавцов
2. Улучшение качества обслуживания клиентов магазинов
3. Увеличение объемов продаж магазинов

Задачи:

- Стабилизация рабочих программ по обучению
- Формирование полных пакетов обучения для персонала продаж (Менеджеры магазинов, продавцы, кассиры)
- Информационная работа с персоналом продаж – рассылка с обучающими материалами
- Постоянное пополнение электронной библиотеки учебными материалами

Необходимые направления в обучении:

Процесс обучения персонала продаж в компании необходимо строить, таким образом, чтобы было возможно подробно проанализировать профессиональные качества, умения, навыки каждого сотрудника, отслеживая их, и в случае необходимости производить их изменения. Процесс обучения необходимо формировать из трех взаимосвязанных блоков:

1. ***Программное обучение:***

   - Адаптационные мероприятия, рассчитанные на поступающих сотрудников, но дифференцированные в зависимости от должности (Менеджер магазина, продавец, кассир)
   - **Практические занятия** – наставничество

2. ***Коррекционное обучение:***

   - **Тренинги по продажам** (базовые техники – выработка практических навыков) – данные тренинги формируют необходимые профессиональные навыки для работы
   - **Семинары по продуктам** (базовые, продвинутые курсы) – данные тренинги позволяют быть в курсе основных технологий и ноу-хау продукции
   - **Обучение потенциальных управленцев** – формирование кадрового резерва

3. ***E-learning***

Система внедрения обучения персонала продаж в компании:

1. ***Определение потребностей компании в обучении персонала:*** Работа с Менеджерами магазинов – анкета/заявка на обучение персонала;
2. ***Определение наличного образовательного уровня персонала продаж:*** Наблюдение за работой продавцов – заполнение анкет;
3. ***Определение аудиторий для обучения:***

- Новички: «Школа продавца 1»: полный пакет первичных знаний для новых сотрудников магазинов (программное обучение);

- Продавцы, имеющие опыт работы в магазине: «Школа продавца 2»: более углубленное и расширенное знание, как характеристик товара, так и процесса продажи в целом (коррекционное обучение);

- Тренинги для Менеджеров магазинов по продажам и старших продавцов: «Продвинутый курс: Эффективный Управленец»;

- Тренинги для сотрудников Call-Centre: Телемаркетинг: Стандарт работы с клиентами по телефону (коррекционное обучение).

4. Последовательность и периодичность обучения персонала:

<u>Директора, Менеджеры магазинов</u>: 1 тренинг для одной группы 1 раз в 2 месяца (Алматинские магазины – тренинги, региональные магазины – информационная рассылка)

<u>Продавцы:</u> постоянная тренинговая работа: тренинги по продажам/ тренинги по продукту

<u>Call-Centre:</u> 1 тренинг 1 раз в месяц – практическая отработка навыков коммуникации с клиентами/ тренинги по продукту

Для грамотной организации работы компании сотрудникам необходимы конкретные алгоритмы и направления в выполнении своих обязанностей. Тренинговые мероприятия должны обеспечить их необходимым минимумом знаний и умений, которые в виде уже сформированных схем и инструкций по выполнению помогут им строить рабочий процесс того или иного подразделения более эффективно.

Исходя из поставленных целей и необходимых профессиональных компетенций персонала продаж мы можем сформировать определенную схему-сетку тренинговых мероприятий и знаний, необходимых в работе персоналу продаж:

Группа сотрудников	Необходимые компетенции	Необходимые тренинговые программы
Директор филиала	**Стратегическое управление:** - Владение основами стратегического менеджмента и бизнес-планирования; - Навыки анализа продаж/ развития рынка, маркетинга, трейд-маркетинга; - Навыки менеджмента	**Навыки организационного развития:** 1. Безопасность бизнеса; 2. Управление бизнес-процессами: моделирование, оптимизация, регламентация; 3. Курс по управлению филиальной сетью; 4. Трейд-маркетинг; 5. Технологии лоббирования интересов компании; **Навыки оперативного менеджмента:** 1.Управление по целям; 2. Управление проектами; 3. Делегирование полномочий и ответственности;

		4. Ситуационное лидерство;
Менеджер магазина / Старший продавец	**Тактическое управление:** - Понимание основных факторов и динамики внешней среды; - Реализация поставленных целей и задач; - Мотивация сотрудников;	**Профессиональная эффективность:** 1. Мерчандайзинг и инструменты стимулирования продаж; 2. Комплекс маркетинговых коммуникаций в продажах – технологии стимулирования; 3. Технологии продаж: система каналов распределения товара; 3. Поведение потребителей на рынке: стратегия маркетинга, ориентированная на потребителя; **Навыки тактического менеджмента:** 1.Командообразование; 2. Адаптация к изменениям; 3. Основные компоненты мотивационной работы с подчиненными; 4. Стратегии коммуникативного управления персоналом;
Продавец	**Деловая активность в продаже:** - Ориентация на результат в продаже; - Умение грамотного формулирования делового предложения для клиента; - Умение располагать к себе; - Презентация товара на языке выгод для клиента;	**1. Тренинг презентации товара:** Продуктовый тренинг; **2. Тренинговая программа:** «Техника и психология эффективных продаж»: - Модуль 1: Навыки клиент-ориентированного подхода в продажах; - Модуль 2: Этапность в продаже; - Модуль 3: Конфликтные ситуации в продажах: техники работы с конфликтными покупателями; - Модуль 4: Технологии построения бессознательного доверия у покупателей? НЛП в продажах;

		3. Тренинг: Классификация психотипов покупателей; **4. Тренинг:** Навыки обслуживания иностранных граждан;

Необходимо отметить, что эффективность процесса обучения зависит от успешности каждого отдельного учебного мероприятия. Кумулятивный эффект от обучения не может быть получен, если каждое отдельное занятие не будет давать существенного прироста в знаниях, умениях, раскрытии новых возможностей. Для того, чтобы учебные мероприятия проходили более успешно, важно достаточно точно представлять:

- Цели и тип программы обучения;
- Особенности коммуникативного процесса слушателей;
- Специфику деятельности тренера, работающего с взрослой аудиторией;
- Отличительные параметры самой аудитории взрослых.

Таким образом, система обучения персонала продаж должна быть ориентирована не только на наличное положение дел в компании, но и на перспективу, на подготовку персонала продаж к работе в новых условиях, адекватной оценке перспектив и формирование четкого образа желаемого результата.

2.2 Механика развивающих тренинговых мероприятий для персонала продаж

Для грамотной организации работы компании сотрудникам необходимы конкретные алгоритмы и направления в выполнении своих обязанностей. Тренинговые мероприятия должны обеспечить их необходимым минимумом знаний и умений, которые в виде уже сформированных схем и инструкций по выполнению помогут им строить рабочий процесс того или иного подразделения более эффективно.

Обучение в розничной компании необходимо формировать в соответствии со следующими принципами:

1. Система обучения и развития управленческого состава компании (1 тренинг, разбитый на 2-3 сессии 1 раз в три месяца) – ***Информационные семинары***

2. Развитие профессиональных компетенций ключевых сотрудников: программы обучения для среднего менеджмента и ключевых специалистов компании (1 тренинг для одной группы, 1 раз в 2 месяца) – ***Семинары - тренинги***
3. Система обучения и развития полевого персонала (постоянная тренинговая работа) – ***Игровые тренинги***

Данные тренинговые мероприятия должны проводиться как игровые, для более полной, четкой и обоснованной диагностики. Игровые ситуации, используемые в тренинге в качестве основного инструментария, подразумевают под собой раскрытие внешних проявлений поведения как продавцов, их внутренних возможностей дальнейшего развития и потенциалов в профессиональной деятельности, так и менеджерского состава среднего звена, то есть тех менеджеров, которые в обозримом будущем собираются занять должности в ТОР – менеджменте.

Начинаем с полевого персонала:

Продавцы: Механика адаптационного обучения

Розничная торговля – это одновременно простой и сложный процесс. Многие составляющие розничной деятельности должны функционировать эффективно, чтобы розничная компания могла достойно обслуживать покупателей и получать прибыль.

Основным составным элементом системы обучения в розничной компании является - воспитание эффективного и грамотного продавца. Именно это первичное обучение является базисом его успешной работы в компании и дальнейшего продвижения по карьерной лестнице. Данное обучение должно проводиться менеджером магазина/ старшим продавцом, при контроле Директора филиала.

Плюсы подобного адаптационного обучения новичков для компании следующие:

- Покупатель ежедневно будет находиться в центре клиенто-ориентированной работы продавцов
- Удовлетворение личных потребностей продавцов
- Признание успехов и наблюдение за желаемым поведением продавцов
- Мотивация команды продавцов

Для того, чтобы стать хорошим наставником и примером для подражания менеджеру магазина необходимы обучение и практика. В первую очередь, необходимо четкое понимание основной стратегии лидирования в торговом зале, для достижения успешности в продажах.

Существует три основных правила, которым менеджер должен следовать:

1. Обучать и тренировать каждого продавца, используя ролевые игры и тренинги
2. Контролировать приветствие покупателя продавцами
3. Проверять знание ежедневных целей и задач магазина

Система обучения является продолжением базового обучения, которое проводится в период адаптации и носит долгосрочный характер. Структура подобного обучения направлена на ликвидацию разрыва между тем, что сотрудник знает и тем, что он должен знать в рамках своей деятельности. В целом внутрикорпоративное обучение сотрудников компании имеет информационную направленность и проводится с использованием: семинаров, тренингов, наставничества и стажировки.

Одна из основных обязанностей менеджеров магазинов должно являться обеспечение результативного тренинга новых сотрудников. В тех магазинах, где создана атмосфера обучения и развития, наблюдается низкий процент текучести кадров, сотрудники более вовлечены в работу и способствуют развитию магазина. Это положительно влияет на лояльность покупателей компании и выполнение планов продаж.

Как мы проводим адаптационный тренинг:

Организация адаптационного тренинга для продавцов (новые сотрудники):

Данный тренинг является основным адаптационным мероприятием, который в обязательном порядке проходят все новые сотрудники компании, ответственность за проведение данного тренинга несут менеджеры магазинов. Требования к проведению данного мероприятия озвучиваются менеджерам, происходит их тренировка. Основные лейтмотивы следующие:

- Ключ к тому, чтобы сделать тренинг новых сотрудников увлекательным и интересным – это предоставить обучающий материал и предоставить его в позитивном, развлекательном и интерактивном виде.

- Необходимо понимать, что данный тренинг – это то первое впечатление, которое получает новый сотрудник о компании. Вся ответственность за проведение тренинга равномерно распространяется на тренера по продажам (предоставление учебного материала), менеджера магазина и директора города.

Тренинг продавцов-новичков – это двухнедельная программа, которая включает в себя:

1. Знакомство с компанией;
2. Ознакомление с основными правилами, стандартами и инструкциями компании;
3. Знания технических характеристик и преимуществ товаров компании;
4. Знания стратегии эффективных продаж и обслуживания клиентов, стандартов обслуживания клиентов в торговом зале;
5. Ролевые игры и упражнения;

Тренинг не заканчивается после прохождения новыми сотрудниками теста на владение профессиональными навыками. Эта программа заканчивается только тогда, когда новый сотрудник может продемонстрировать свои профессиональные навыки продаж Директору, а его лист и рабочая тетрадь продавца полностью заполнена.

Во время обучения менеджеру магазина необходимо четко следовать программе обучения: все темы, упражнения, предусмотренные тренингом должны быть выучены и выполнены новым сотрудником.

Закрепляющие посттренинговые мероприятия по обучению должны проходить на постоянной основе, посредством проведения внутренних семинаров и тренингов.

Для чего необходимы внутренние семинары и тренинги?

Цель подготовки и проведения внутренних тренингов – связать результаты работы, которых мы хотим добиться с необходимым поведением, которого мы требуем от наших продавцов по отношению к покупателям.

Основные составляющие эффективного внутреннего тренинга:

1. Несмотря на то, что тренинг проводится вечером, он должен быть радостным. Именно – Директора/ менеджеры отвечают за это и устанавливают ритм и мотивацию для сотрудников.

2. Пока магазин закрыт, и никто не мешает, Руководители могут провести время со своей командой. Необходимо провести это время с максимумом полезного воздействия

Продавцы заслуживают услышать мнение Руководителей об их работе и получить личное признание в присутствии своих коллег. Таким образом, происходит моральная мотивация сотрудников.

Подготовка внутреннего тренинга:

Подготовка – залог успешного тренинга. Необходимо помнить, что Директор и Менеджер являются главными координаторами тренинга и его главными инициаторами

Основные лейтмотивы внутреннего тренинга:

1. Результаты работы за определенный период
2. Признание сотрудников: Признание должно быть конкретным, необходимо узнать, кто внес свой вклад, и поблагодарить его
3. Обсудить заданные тематики, проанализировать доклады выступающих, связать материалы, предоставленные на тренинге с результатами работы и улучшения работы магазина
4. Определиться с тематиками на следующий внутренний тренинг
5. Сделать запрос по учебным материалам в отдел по обучению

Временные рамки внутреннего тренинга должны быть четко определены. Он должен быть информативным и проходить в хорошем темпе. Не допускается пропуск внутренних семинаров, необходимо четко следовать графику: 1 тренинг в месяц. Внутренний тренинг должен длиться не менее 40 минут.

Как необходимо действовать на внутреннем тренинге:

1. Разминка или веселое упражнение поможет взбодрить коллектив и по возможности подвести его к обсуждению задач и работе с покупателями
2. Обсуждение результатов работы магазина за определенный период
3. Признание успешной работы
4. Обсуждение приемов работы с клиентами
5. Постановка задач на определенный период
6. Проведение тренинга – презентация докладов сотрудников
7. Проведение ролевой игры или упражнения, которое наглядно продемонстрирует продавцам задачи.

Продавцы: Механика коррекционных тренинговых мероприятий

Тренинги для продавцов должны быть ориентированы на создание целостности в продаже, таким образом, формируем синтез: специфика + психология. Тренинговые мероприятия здесь следующие:

Тренинговое мероприятие	***Цели***	***Вопросы, рассматриваемые в ходе тренинга***

Тренинг презентации товара: ***«Продуктовый тренинг»***	***Повышение профессионализма торгующего персонала:*** - сбор и анализ информации по продукту, который обеспечивает непрерывно обновляющуюся информационную базу работы - профессиональной презентации информации покупателю - грамотных деловых переговоров с покупателем, в которые входит умение отстаивать свою позицию, при этом, не ущемляя интеллектуального достоинства покупателя – техники «преодоления возражений» ***Предотвращение распространения «фантазий» и недостоверной информации относительно того или иного товара:*** - обеспечение продавцов объективной информацией относительно того или иного товара.	- Где и кем продукт был произведен - Для чего продукт предназначен - Что представляет собой продукт и как он работает - Конкретные преимущества и недостатки товара - Как лучше всего работать с данным продуктом - Как правильно собирать информацию о том или ином продукте – источники, данные о Компании-производителе
Общая тренинговая программа: ***«Техника и психология эффективных персональных продаж»***	***Формирование активных, компетентных и целеустремленных профессионалов в области розничных продаж*** - Освоение психологических аспектов результативной продажи	Модуль 1: Навыки клиент-ориентированного подхода в продаже Модуль 2: «Этапность в продаже» Модуль 3: «Конфликтные ситуации в продажах: техники работы с

	- Мотивация на активную работу по привлечению новых и развитию отношений с существующими клиентами - Тактическая подготовка менеджеров и продавцов-консультантов к проведению переговоров с различными клиентами	конфликтными покупателями» Модуль 4: «Технологии построение бессознательного доверия у покупателей: НЛП в продажах»

Обучение управленческого состава персонала продаж (Директора филиалов, Менеджеры магазинов)

Если говорить о руководителях среднего звена, то здесь необходимы квалификационные семинары по заявленным тематикам, где дается наиболее полный пакет знаний. В плане саморазвития необходимы тренинги психологического толка, такие как, тренинги стрессоустойчивости, личностного роста, самоконтроля и личного планирования.

В плане обучения управленцев (среднее звено) можно предложить следующий вариант:

Начинаем с постановки корпоративной компетенции и соответственно ей проводим диагностику:

- способности управленца понимать самого себя (что предполагает осознание собственных мотивов в профессиональной деятельности, поведенческих паттернов)
- способности понимать подчиненных (что предполагает понимание потребностей, мотивов других людей, особенностей их поведения, психологических защит)
- способности принимать решения и нести за них ответственность
- способности понимать взаимоотношения людей (что означает способность адекватно воспринимать ситуации управленческого общения, как по горизонтали, так и по вертикали, осознавать собственное влияние на процесс общения, понимать и анализировать причины возникающих трудностей)

- способности прогнозировать межличностные ситуации (что предполагает своевременное разрешение нестандартных ситуаций в коллективе)

Целью тренинговых мероприятий будет: Повышение уровня социально-психологической компетентности управленцев, развитие управленческих умений

Задачи будут следующими:

1. Устранение неэффективных способов взаимодействия с сотрудниками, замена их на более эффективные техники межличностного взаимодействия
2. Развитие умений постановки и поэтапного решения производственных проблем
3. Формирование навыков установления и поддержки контакта с группой сотрудников

В процессе тренинговых мероприятий необходимо отрабатывать следующие навыки:

1. Постановки личных и профессиональных целей
2. Постановки и поэтапного решения профессиональных и производственных проблем
3. Проведения групповых обсуждений, умений работать в группе
4. Навыки убеждения, аргументирования
5. Умений решать конкретные производственные задачи
6. Устранять неэффективные способы взаимодействия с людьми в профессиональной деятельности, менять их на эффективные

Учить практическим умениям:

- Самопрезентации себя как руководителя
- Групповых дискуссий по решению проблемы
- Разрешения конфликтных ситуаций
- Мотивирования сотрудников
- Конструктивной критики

Характеристики Управленцев, диагностируемые в результате тренинга:

- Отношение к организации: ориентация на постановку личных и профессиональных целей в поле организации – лояльность к организации;
- Соотнесение себя с корпоративными принципами организации – идентификация себя как члена команды;

- Коммуникативная адаптивность – управление коммуникативными потоками в организации;

- Отношение к нововведениям, изменениям и инновациям в организации – адекватность и динамика реагирования;

- Умения принимать решения, брать на себя ответственность за принятые решения;

- Навыки совместной деятельности, координация деятельности подчиненных

Тематики, которым необходимо уделять внимание на тренингах могут быть следующими:

Личностное развитие	
Оперативный менеджмент:	1. Навыки тактического планирования в работе управленца (Time-management) 2. Специфика подбора торгового персонала 3. Стратегии управления персоналом: делегирование полномочий и ответственности 4. Основные компоненты мотивационной работы руководителя с подчиненными 5. Ситуационное лидерство 6. Общение в команде
Инновационный менеджмент:	1. Адаптация к изменениям в организации: повышение устойчивости к изменениям и неопределенности 2. Проблемы локального (внутрикорпоративного) и глобального характера 3. Навыки контролирования процесса внедрения изменений 4. Формирование ориентира для персонала 5. Отработка навыков рационального использования профессионального потенциала сотрудников

	6. Антистресс – фактор личной эффективности управленца
Эффективные коммуникации в бизнес-структуре	1. Формирование корпоративной целостности: разработка моделей личностного развития в контексте стратегического планирования Компании 2. Коммуникативная компетентность – как средство эффективного делового взаимодействия 3. Преодоление психологических барьеров в партнерском взаимодействии 4. Моделирование переговорных процессов 5. Имиджевые характеристики личности в коммуникации 6. Самореклама – как средство самопрезентации
Формирование лидерских навыков в управленческой деятельности	1. Раскрытие личностных потенциалов руководителя 2. Определение и разработка специфических моделей, принципов и умения эффективного лидерства 3. Повышение личной эффективности: развитие навыков коммуникации лидера
Профессиональное развитие:	
Основы управления командой: управленческий инструментарий	1. Оценка персонала 2. Технологии мотивации персонала – максимальное использование потенциала сотрудников 3. Способы воздействия на персонал
Построение эффективных моделей в управлении персоналом	1. Анализ и прогноз поведения подчиненных 2. Максимальное использования потенциала сотрудников

	3. Анализ личности отдельно взятого работника
Управление проектами	1. Делегирование полномочий и ответственности в команде 2. Оперативное принятие решений 3. Управление по целям
«Маркетинг продаж»	«Комплекс маркетинговых коммуникаций в продажах – технологии стимулирования» «Технологии продаж: система каналов распределения товара» «Поведение потребителей на рынке: стратегия маркетинга товара, ориентированная на потребителя»

Варианты развивающих тренинговых мероприятий, представленные выше являются адекватной моделью, базисом знаний, умений и навыков, способных сделать сотрудников компании эффективными, тем не менее, в любой компании данные мероприятия должны трансформироваться и подвергаться необходимым корректировкам.

Поскольку, эффективность процесса обучения зависит от успешности каждого отдельного учебного мероприятия кумулятивный эффект обучения не может быть получен, если каждое отдельное занятие не будет давать существенного прироста в знаниях, умениях, раскрытии новых возможностей. Для того, чтобы учебные мероприятия проходили более успешно, важно достаточно точно представлять:

- Цели и тип программы обучения
- Особенности коммуникативного процесса слушателей
- Специфику деятельности тренера, работающего с взрослой аудиторией
- Отличительные параметры самой аудитории взрослых

При этом важно помнить, что система обучения персонала продаж должна быть ориентирована не только на наличное положение дел в компании, но и на перспективу, на подготовку персонала продаж к работе в новых условиях: необходим постоянный анализ существующего положения, оценка перспектив и формирование четкого образа желаемого результата. Таким образом, внутрифирменная система обучения персонала продаж должна быть ориентирована не на процесс, а на результат в работе.

Программа обучения персонала продаж торговых компаний должна быть направлена на следующие профессиональные группы сотрудников:

- Обучение новых сотрудников (Адаптационное обучение)
- Обучение опытных продавцов (Коррекционное обучение)
- Обучение административного состава магазина (Обучение управленцев)

При этом необходимо учитывать следующие уровни градации целевых групп:

- Первый уровень: обучение и адаптация новых сотрудников, которое включает в себя обеспечение «новичков» необходимым уровнем технических знаний о продуктах, технологиях, техниках работы с клиентами и основными правилами в работе. Важным моментом здесь является закрепление за новым сотрудником наставников, которые реализуют систему адаптации и помогают новому продавцу справляться с необходимыми задачами на период стажировки и испытательного срока. Эту роль можно отвести – Директорам и менеджерам магазинов;
- Второй уровень: обучение опытных продавцов, которое проводится на основе данных диагностики потребности в обучении, результатах продаж, аттестации, индивидуальных запросов и отзывов непосредственного руководителя. Важное условие здесь – обучение должно быть четко встроено в стратегические цели и задачи Компании. Роль модератора данных тренинговых мероприятий можно отвести – Внутренним тренерам компании.
- Третий уровень: обучение административного состава магазина. Его мы строим на задачи компании, результаты и уровень профессиональной управленческой компетентности. Данное обучение может проводиться как внутренними тренерами компании, так и внешними обучающими провайдерами.

Становление компании в рыночных условиях современности ставит перед руководством ряд задач, которые необходимо своевременно и поэтапно реализовывать. Если говорить о динамике и потенциальном росте нематериальных активов Компании, особое внимание следует уделять клиентам и партнерам, базой чего должен стать пристальный интерес и внимание к внутреннему клиенту, то есть сотрудникам Компании.

Глава 3. План по оценке персонала

3.1 Аттестация торгового персонала, как инструмент кадровой оптимизации

Сегодняшнее состояние дел в розничных торговых компаниях подразумевает необходимость в осуществлении всеобщей оптимизации как производственного, коммерческого, так и кадрового бизнес-процессов. Организации сокращают издержки, происходит увольнение сотрудников, где-то хаотичное, где-то запланированное и подкрепленное определенным анализом. Данный процесс нуждается в своем обосновании и стандартизации.

Аттестация — это система комплексной оценки сотрудника, его практических навыков, деловых качеств, профессиональных знаний и установления их соответствия занимаемой должности. Компонентами классической системы аттестации являются:

- оценка профессиональных знаний работников;
- оценка способностей и личностных характеристик сотрудников;
- обратная связь с работниками по результатам аттестации.

Большинство проводимых с целью аттестации мероприятий основаны на методике стандартных оценок, которая является универсальной, простой в использовании, но не всегда позволяющей получить объективные результаты, что обусловлено высокой степенью субъективности и односторонности оценки. Во время аттестации во внимание должны приниматься только профессиональные качества сотрудников — объективные показатели работы, однако практически всегда на оценке отражаются личные взаимоотношения руководителя с подчиненными (субъективное мнение).

В качестве механизма проведения аттестации торгового персонала можно рассмотреть распространенную систему, охарактеризованную ниже. Аттестация торгового персонала проходит в два этапа:

1) оценка профессиональных знаний сотрудников;

2) оценка качества работы сотрудников.

При реализации первого этапа осуществляется заполнение профессиональных тестов, которые подразделяются на две группы:

1) тесты по знанию особенностей продукта;

2) тесты, связанные с техникой и психологией продаж.

На втором этапе происходит заполнение директорами магазинов оценочной анкеты, которая может отражать, например, два основных критерия:
1) обслуживание клиентов;
2) оценку рабочего места продавца.

В итоге аттестации, проведенной таким образом, мы получаем картину деятельности сотрудника за отчетный период, где объективным показателем является результат профессионального тестирования, а субъективным — мнение директора о работе своего подчиненного, которое может иметь как положительный, так и отрицательный подтекст.

Попробуем усовершенствовать данную систему. Некоторые недоработки методики стандартных оценок можно устранить с помощью учета следующих рекомендаций.

■ Профессиональное тестирование не должно касаться только вопросов, связанных с психологией поведения и особенностями продукта. Нужно стараться охватить более широкий пласт профессиональных знаний, касающихся закона о защите прав потребителей, нюансов маркетинга в магазине, нормативных документов, истории компании, особенностей бухгалтерской работы, основных бизнес-процессов, связанных с ERP-системой, используемой в фирме. Образец документа, применяемого при оценке знаний работников, отражает форма для оценки знаний сотрудника.

Форма для оценки знаний сотрудников

Разделы профессионального тестирования	**Рассматриваемые вопросы**	**Лица, ответственные за утверждение тестовых вопросов и вариантов ответов**
Коммерческий	■ Технические характеристики товаров ■ Матрица товаров ■ Оборачиваемость товаров	Коммерческий Директор
Маркетинг и реклама	■ Мерчандайзинг ■ Проведение акций	Начальник отдела маркетинга и рекламы
Обслуживание клиентов и поведение сотрудников в магазинах	■ Техника и психология продажи	Директор по обучению
Нормативная документация	■ Ревизии, проверки в магазинах ■ Системы премирования / депремирования	Менеджер внутреннего контроля

	■ Системы расчета заработной платы ■ Отчеты ■ Основные бизнес-процессы	
Бухгалтерия и касса	■ Выписки ■ Ордера ■ Кассовые дисциплины	Главный бухгалтер
ERP-системы	■ Создание счетов, накладных, ордеров ■ Формирование отчетов	Программист
Законодательство	Законы, касающиеся розничной торговли	Юрист
Структура и история компании	История возникновения и развития компании, ее структура	HR-директор

■ Форму для оценки необходимо расширять (дополнение к форме оценки знаний сотрудников), чтобы в дальнейшем использовать ее не только в качестве документа для анализа знаний сотрудников, но и для определения наиболее перспективных специалистов с целью их продвижения по карьерной лестнице. Данный документ должен заполнять не руководитель, а HR-менеджер, либо тренер, которому предварительно следует провести с топ-менеджером детальное обсуждение работы аттестуемого сотрудника за необходимый период. Затем документ представляется на утверждение руководителю, который может внести в него свои коррективы.

При использовании данного метода аттестации повышается степень непредвзятости оценки за счет привлечения профессионального консультанта. Наличие указанной формы также положительно сказывается на отношении персонала к проводимому мероприятию, поскольку сотрудники понимают повышение объективности оценки и считают, что применение данного документа способно защитить от возможного произвола руководителя.

Дополнение к форме для оценки знаний сотрудников

Обслуживание клиентов	**Оценка**
Лояльность к покупателям (установление контакта)	1 2 3 4 5 6 7 8 9 10
Выяснение потребностей (умение формулировать вопросы)	1 2 3 4 5 6 7 8 9 10

Презентация товара (умение убеждать покупателей)	1 2 3 4 5 **6** 7 8 9 10
Работа с возражениями (навыки активного слушания)	1 2 3 4 **5** 6 7 8 9 10
Рабочее место	**Оценка**
Внешний вид продавца	1 2 3 4 5 6 7 **8** 9 10
Профессиональная ответственность	1 2 3 4 5 6 **7** 8 9 10

Таким образом, рабочей целью аттестации можно считать проведение взвешенной, основанной на фактах оценки деятельности сотрудника, с учетом пунктов должностной инструкции и индивидуального плана продаж на определенный период.

Для полной реализации системы аттестации необходимо составление и использование личного плана работы сотрудника на протяжении предстоящего периода аттестации. Данный документ будет служить объективным показателем оценки профессиональной успешности специалиста и станет своеобразным способом повышения его личной эффективности. Внедрение метода MBO (Management by Objectives — постановка личных целей) позволяет получить выгоду в виде согласованного личного плана сотрудника, которым он руководствуется в течение аттестационного периода (фрагмент личного плана работы сотрудника).

Фрагмент личного плана работы сотрудника

Запланированные проекты	**Ключевые шаги**	**Время**	**Показатели выполнения**	**Ответственные лица**	**Результат**

Оценка результативности работы сотрудника за отчетный период, начало и окончание которого отражены в личном плане специалиста по продажам, связана с показателями, которые он должен достичь в установленный срок. Определение эффективности подразумевает анализ поощрений / взысканий руководства и полученных коэффициентов оценки работы (КОР), включающих:

- административный / коммерческий показатели;
- количество премий сотрудника;
- долю вклада в общий план продаж магазина.

Расчет коэффициента работы сотрудника основывается на определении коммерческого показателя деятельности магазина (выполнение планов продаж, количество заключенных сделок) и административного показателя (организация работы магазина, чистота, грамотное обслуживание клиентов), который измеряется с помощью данных анкеты, заполняемой в отношении каждого специалиста и служащей определенной лакмусовой бумажкой при выявлении уровня профессионализма и дисциплинированности того или иного работника. Вариант подобной анкеты отражен ниже.

Анкета для определения уровня профессионализма и дисциплинированности сотрудника

Компетенции	**Компетенция присутствовала (+)**	**Компетенция отсутствовала (-)**
Профессиональные компетенции продавца		
Ясное и четкое формулирование потребностей клиента		
Презентация товара на языке выгод для клиента		
Умение развеять сомнения и возражения клиента		
Умение резюмировать выгоды для клиента и результативно завершить продажу		
Рекомендация аксессуаров клиенту		
Доведение до клиента информации о существовании гарантии на товар		
Работа продавца в торговом зале		
Продавец консультировал клиента, общаясь с ним дружелюбно		
Продавец использовал доступную и понятную для клиента терминологию		
Продавец задал несколько уточняющих вопросов об интересующем клиента товаре		
Продавец спросил клиента о ситуации использования, предназначении интересующего его товара		
Продавец спросил клиента о функциональных особенностях, технических характеристиках, которые, по мнению потребителя, должны быть у товара		

Продавец рассказал клиенту о дополнительных свойствах товара		
При отсутствии необходимого клиенту товара продавец порекомендовал альтернативные варианты продукта		
Продавец слушал возражения клиента терпеливо и спокойно		
Продавец отвечал на возражения клиента спокойно, без напряжения		
Продавец отвечал на возражения клиента убедительно, по существу		
Продавец рассказал клиенту о текущих акциях		
Продавец предложил клиенту прайс-лист		
Продавец искренне пытался помочь клиенту		

Исходя из вышеизложенного можно дать характеристику аттестационного мероприятия, проводимого в торговой компании. Его целью и результатом является разделение всего торгового персонала компании на категории, соответствующие имеющемуся профессиональному уровню того или иного сотрудника. Аттестация основывается на объективных и субъективных показателях:

- мнениях тренеров по продажам о профессиональной пригодности сотрудников;
- значениях показателей продаж за отчетный период;
- результатах проверочного профессионального тестирования сотрудников.

Необходимая подготовительная предаттестационная работа включает в себя предоставление требуемой технической и психологической информации посредством проведения тренинговых мероприятий и рассылки директорам магазинов. Целью последней является повышение квалификации торгового персонала. На основании указанных сведений формируются тестовые задания, результаты которых отражают уровень квалификации и профессионализма сотрудников. После этого проводится предтестовая подготовка, которая включает в себя информирование работников о наличии необходимых технических материалов для успешного прохождения аттестационного тестирования.

Оценка профессиональных знаний продавцов происходит путем проверочного тестирования, когда сотрудники всех категорий, работающие в торговой сети, отвечают на одни и те же 150 вопросов. Оценка результативности деятельности специалиста за отчетный период включает в себя анализ поощрений / взысканий от руководства, полученные КОР (количество премий сотрудника, доля вклада в общий план продаж магазина). Образец оценочного листа содержит Приложение 1. Далее заполняем аттестационный лист сотрудника. Его образец представлен в Приложении 2.

По результатам аттестации в дальнейшем также можно ввести индивидуальный план развития, отражающий самооценку сотрудника в рамках занимаемой им должности, его видение того, как он может улучшить результаты своей профессиональной деятельности, и содержащий перечень мероприятий, которые могут ему в этом помочь. Выгода от внедрения данного документа означает постановку конкретных профессиональных задач и формирование инструмента их объективной оценки.

Для проведения ежеквартальной оценки профессионализма сотрудников можно использовать такой инструмент, как моделирование рабочих ситуаций с привлечением либо своих, либо сторонних наблюдателей. При этом фиксировать результаты можно периодически на протяжении всего аттестационного периода, например, можно принимать во внимание итоги проверок по телефону, проводимые руководством компании.

Кроме того, можно ввести использование индекса удовлетворенности клиентов. При этом анкеты, которые заполняются в магазинах, сделать персонализированными. Это также будет являться объективной оценкой работы сотрудника.

Таким образом, применяемые в комплексе способы оценки знаний и деятельности специалистов при осуществлении аттестации персонала составляют методику, именуемую «360 градусов». На основании вышеизложенного мы можем отметить основные компетенции, которыми должен обладать сотрудник, претендующий на присвоение той или иной категории.

Карточка оценки компетентности сотрудника для присвоения первой категории

Позиция	**Значимые критерии**		**Оценка**
1. Профиль сотрудника	Профессиональные качества	Знание техники продаж	136–150 правильных ответов на тестовые вопросы
		Знание товара	

	Оценка качества работы	Обслуживание клиентов /стандарты качества	55–60 баллов согласно данным анкеты тренера
2. Результаты работы	КОР		0,9–1 баллов согласно данным анкеты
	Премии		5 (постоянное наличие премий за отчетный период)
	Величина вклада в общий объем продаж		Личный план по продажам сотрудника – 100% и более
3. Профиль компетенций	Сотрудник имеет отличные, необходимые для работы профессиональные знания: — представленных в магазине и конкурирующих торговых марок; — технической стороны и особенностей товара; — психологии покупателей и техники продаж; — порядка внутренней работы в компании. Он является своего рода внутренним консультантом магазина — наставником, к которому могут обратиться за разъяснениями сотрудники. Данный работник стрессоустойчив и исполнителен в нестандартных и непредвиденных ситуациях, ответственен, всегда четко и в срок выполняет задания и поручения. При необходимости сам предпринимает действия, не дожидаясь указаний и подсказки. Неукоснительно соблюдает трудовую дисциплину. Внимателен к потребностям клиентов и четко их понимает, выражает готовность помочь. Эффективно решает проблемы потребителей, старается, чтобы у клиента сложилось положительное впечатление о компании. Всегда дружелюбен и располагает к себе. Удовлетворяет требования клиентов быстро и продуктивно		

Карточка оценки компетентности сотрудника для присвоения второй категории

Позиция	**Значимые критерии**		**Оценка**
1. Профиль сотрудника	Профессиональные качества	Знание техники продаж	121–135 правильных ответов на тестовые вопросы
		Знание товара	
	Оценка качества работы	Обслуживание клиентов / стандарты качества	49–54 баллов согласно данным анкеты тренера

2. Результаты работы	КОР		0,8–0,89 баллов согласно данным анкеты
	Премии		4–5 балов (допустимое отсутствие премии — один раз за отчетный период)
	Величина вклада в общий объем продаж		Личный план по продажам сотрудника - 80 – 100%
3. Профиль компетенций	Сотрудник обладает хорошими знаниями во всех сферах профессиональной деятельности. Обходится без дополнительных указаний и помощи в нестандартных и непредвиденных ситуациях. Развивает имеющиеся навыки и знания, принимает активное участие в профессиональном обучении коллег. Демонстрирует трудолюбие и добросовестность в исполнении должностных обязанностей. Ответственен в работе. Необходим минимум контроля над осуществлением каждодневных функций. Обычно выполняет поручения в срок, соблюдает трудовую дисциплину. Не опаздывает на работу. Понимает потребности клиента, выражает готовность помочь. Заботится о том, какое впечатление останется у потребителя после общения с ним. Относится к клиентам дружелюбно, терпелив с раздраженными потребителями, старается выполнить требования клиентов		

Карточка оценки компетентности сотрудника для присвоения третей категории

Позиция	**Значимые критерии**		**Оценка**
1. Профиль сотрудника	Профессиональные качества	Знание техники продаж	91–120 правильных ответов на тестовые вопросы
		Знание товара	
	Оценка качества работы	Обслуживание клиентов / стандарты качества	37–48 баллов согласно данным анкеты тренера
2. Результаты работы	КОР		0,7–0,79 баллов согласно данным анкеты
	Премии		3–4 балла (допустимое отсутствие премии два–

		три раза за отчетный период)
	Величина вклада в общий объем продаж	Личный план по продажам сотрудника – от 60%
3. Профиль компетенций	Имеет достаточные профессиональные знания и навыки. В нестандартных и сложных ситуациях требуется помощь. Знает о пробелах в своих профессиональных знаниях и старается их устранить. Ровное отношение к своим обязанностям (без высокой вовлеченности, но и без отторжения). Осуществляет свои функции и должностные обязанности, но иногда затягивает их выполнение и нуждается в контроле. Не всегда владеет ситуацией при работе с клиентами. Иногда демонстрирует равнодушие к потребностям клиента. Обычно в случае необходимости не оказывает дополнительную помощь потребителю. В некоторых ситуациях нетерпелив с раздраженными клиентами, иногда забывает предоставить потребителю важную или необходимую информацию	

Работников, набравших меньшее, чем требуется для присвоения третей категории количество баллов, следует рассматривать как некомпетентных, поэтому они могут быть предложены в качестве кандидатов на увольнение.

ПРИЛОЖЕНИЕ 1

Аттестационный лист для анализа

1. Общие сведения о сотруднике

Ф. И. О.: Петров Александр Николаевич

Текущая категория: четвертая (присвоена 12 декабря 2008 г.)

Дата приема на работу: 12 декабря 2008 г.

Магазин: «Планета электроники»

2. Результаты профессионального теста

№	Категория вопросов	Полученный балл	
		Max	**Факт**
1	Технические вопросы	70	61
2	Психология	40	32
3	Маркетинг	10	7
4	Нормативы	10	8

5	Законы	10	8
6	О компании	10	10
7	Итого (84%)	150	126

3. Оценка качества работы сотрудника (см. Приложение)

Обслуживание клиентов	**Оценка**
Лояльность к покупателям (установление контакта)	1 2 3 4 5 6 **7** 8 9 10
Выяснение потребностей (умение формулировать вопросы)	1 2 3 4 5 6 **7** 8 9 10
Презентация товара покупателю (убеждение покупателей)	1 2 3 4 5 **6** 7 8 9 10
Работа с возражениями (навыки активного слушания)	1 2 3 4 **5** 6 7 8 9 10
Оценка рабочего места	**Оценка**
Внешний вид консультанта	1 2 3 4 5 6 7 **8** 9 10
Профессиональная ответственность	1 2 3 4 5 6 **7** 8 9 10

4. Итоговый профиль

Балл	**1**	**2**	**3**	**4**	**5**	**6**	**7**	**8**	**9**	**10**
Количество правильных ответов	1–15	16–30	31–45	46–60	61–75	76–90	91–105	106–120	**121–135**	136–150
Оценка тренера	1–6	7–12	13–18	19–24	25–30	31–36	37–42	43–48	49–54	55–60
Итоговая оценка	7 + 9 = 16									

5. Шкала оценки профессиональных знаний и навыков

Интервал	**0**	**1**	**2**	**3**	**4**	**5**	**6**	**7**	**8**	**9**	**10**
Оценка	0	0,3	0,5	0,8	1	1,3	1,5	1,8	2	2,3	2,5
Интервал	**11**	**12**	**13**	**14**	**15**	**16**	**17**	**18**	**19**	**20**	
Оценка	2,8	3	3,2	3,5	3,7	3,8	3,9	4,0	4,5	5	

ПРИЛОЖЕНИЕ 2

Отзыв тренера о работнике

Компетенции	**Оценка**	**Комментарии**
Знание особенностей товара	Обладает средними знаниями особенностей товара	

Корпоративные стандарты	Форма одежды соответствует корпоративным нормам, но отсутствует бейдж	
Лояльность к компании	Нейтральное отношение (сотрудник новый)	
Отношения в коллективе	Дружеские	
Установление контакта	Со всеми покупателями ведет себя очень открыто и доброжелательно	В процессе работы иногда отвлекается на посторонние дела
Выявление потребностей	В основном с помощью открытых вопросов	
Презентация товара	Не всегда в доступной форме может все донести до покупателя	
Работа с возражениями	Не конфликтен, выслушивает претензии клиента до конца — аргументировано отвечает на возражения	
Завершение сделки	«Ведет» клиента до конца, прощается	
Отношение к обучению	Положительное, посещает тренинги	

Рекомендации тренера: довольно исполнителен, к распоряжениям менеджера относится ответственно, но присутствует медлительность в работе, необходим контроль за выполнением поручений.

Оценка результативности работы за отчетный период

1. Ф. И. О. работника: Петров Александр Николаевич
2. Количество продавцов в магазине: семь
3. Оценка служебной деятельности:

1) поощрения от руководства за отчетный период (кем, когда поощрен, вид поощрения) (по пять балов за каждое)
____________нет____
__________________________;

2). взыскания руководства за отчетный период (кем, когда наложено взыскание, вид взыскания) (один балл за каждое взыскание) __________________нет____

____

4. Премии продавца за отчетный период: («Да» — пять баллов, «Нет» — один балл)

Месяц	Январь	Декабрь	Ноябрь	Среднее значение
Премия	нет	нет	нет	**1**

5. Баллы за КОР: два балла
6. Результаты продаж: 9% — два балла
7. Итоговая таблица

Балы за поощрения	**Балы за взыскания**	**Балы за КОР**	**Балы за премии**	**Балы за продажи**	**Итого**
0	0	2	1	2	1,7

ПРИЛОЖЕНИЕ 2

Аттестационный лист сотрудника

1. Ф. И. О.: Петров Александр Николаевич
2. Дата рождения: 1 декабря 1987
3. Сведения об образовании: среднее
4. Магазин: «Планета электроники»
5. Карьерный рост сотрудника

Должность	Четвертая категория	Третья категория		
Дата назначения	12.12.2008			

6. Директор филиала: Никифоров Михаил Васильевич

7. Состав аттестационной комиссии:

Сафрин Николай Николаевич — тренер по продажам;

Иванов Петр Михайлович — директор по обучению;

Ковалевская Любовь Дмитриевна — специалист по кадровому делопроизводству;

Овчаренко Владимир Васильевич — директор компании

8. Итоговая оценка служебной деятельности аттестуемого

Знания и навыки	3,8
Оценка результативности работы	1,7
Среднее итоговое значение	2,75

9. Итоговая таблица категорийности

Интервал	До 2,4	2,5–3,9	4–4,4	4,5–5
Оценка	4	3	2	1

10. Заключение аттестационной комиссии

Соответствует категории (выбрать одну из трех)	1 кат.; 2 кат.; **3 кат**.
Рекомендация смены деятельности	

11. Рекомендации аттестационной комиссии

Рекомендации	**Комментарии**
Поощрение сотрудника	
Изменение размера должностного оклада	Присвоение сотруднику третьей категории с изменением размера должностного оклада
Включение в резерв претендентов на замещение руководящих должностей	
Направление на обучение, повышение квалификации	
Другое	

12. Результат голосования. Количество голосов: «За» _______4________, против _____0_________.

13. План индивидуального развития сотрудника

Мероприятия	**Цель**	**Сроки**	**Ответственные**

3.2 Наставничество и преемственность знаний

Самая высокая эффективность в работе достигается тогда, когда улучшается взаимодействие людей, работающих вместе. Под взаимодействием здесь понимается соотнесение личностных мотивов каждого отдельно взятого сотрудника с целями, задачами и ответственностью перед потребителями компании.

Данная работа подразумевает под собой два тесно взаимосвязанных направления:

- Профессиональное развитие персонала компании;
- Рост материальных активов компании.

Для того чтобы использовать и реализовать возможный потенциал компании на практике, необходимо постоянное совершенствование системы профессионального развития персонала.

Создание внутренней среды, в которой происходит развитие персонала на индивидуальном, групповом и организационном уровне – процесс сложный, требующий структурированного подхода, вовлеченности линейных менеджеров, поддержки высшего управленческого звена, а также применения новейших современных информационных технологий и методик. К сожалению, в настоящее время, как на теоретическом, так и на практическом уровне в этой области существует множество непроработанных проблем.

Во многих компаниях функция развития сотрудников сводится к функции обучения, эффективность которой без поддержки таких процедур, как наставничество, адаптация, создание кадрового резерва, адекватной системы мотивации на обучение, системы планирования обучения не достигает необходимого уровня развития компании.

В этих условиях требуется выявление ключевых составляющих системы обучения и развития персонала, выбор эффективных методик и методов, вариантов их реализации. Далее, необходима методика контроля и оценки результативности программ.

Первичной процедурой обучения по значимости является адаптационное обучение и тесно с ним взаимосвязанная система наставничества, поскольку включает в себя как обучающий фактор, так и фактор приверженности к корпоративной культуре компании.

Наставничество – это одна из форм обучения на рабочем месте, акцент в которой делается на практическую составляющую. В процессе наставничества более опытный и квалифицированный работник передает своему подопечному знания и навыки, необходимые для эффективного выполнения рабочих задач. Наставничество тесно связано с процессом адаптации нового сотрудника, но направлено не на вовлечение в корпоративную культуру, а на решение сугубо профессиональных задач.

Данный метод, причисляемый к формам обучения имеет, тем не менее свои особенности и отличия от остальных методов обучения. В качестве примера можно сравнить:

Коучинг – это процесс, направленный на поиск решений и достижение целей, при условии, что человек уже знает, как это делать, но не может составить план действий.

Тренинг – это процесс приобретения новых знаний, умений и навыков, при условии, что человек понимает, чему именно ему необходимо обучиться.

Наставничество – это процесс передачи знаний в конкретной области более опытным человеком (наставником) менее опытному, исходя из опыта и знаний наставника.

Предлагаемая в данном материале программа наставничества предполагает систему, где основную роль выполняет наставник, сотрудник компании, в обязанности которого входит организация и проведение внутреннего адаптационного обучения вновь принятых работников своего подразделения, а также проведение технического и продуктового обучения. Данная система разрабатывается в целях оптимизации процесса адаптации вновь принятых работников, совершенствование работы со специалистами компании, ускорения процесса изучения новых продуктов и ознакомления работников с изменениями, происходящими в бизнес-процессах компании.

Предложенная программа наставничества включает в себя:

- Регламентацию процедуры формирования института наставников и их мотивацию;
- Адаптацию к корпоративной культуре компании, усвоение и принятие традиций и правил компании;
- Приобретение знаний и навыков, необходимых для эффективной работы на занимаемой должности;
- Упорядочивание процесса обучения работника, развитие его профессиональных компетенций, способности самостоятельно выполнять возложенные на него обязательства.

Согласно данной программе в компании одновременно может действовать несколько видов наставничества:

- Для стажера (при условии заключения со стажером договора на стажировку);
- Для вновь принятых работников компании;
- Для текущих работников компании;
- Для изучения новых продуктов и бизнес-процессов.

Наставником может быть назначен любой работник компании, с его согласия, который обладает:

- Высоким уровнем профессиональных навыков;
- Необходимым уровнем знаний и навыков для выполнения своей работы, по мнению руководителя;
- Высокими коммуникативными навыками и стремится к постоянному совершенствованию своих знаний.

Блок-схема процедуры процесса наставничества:

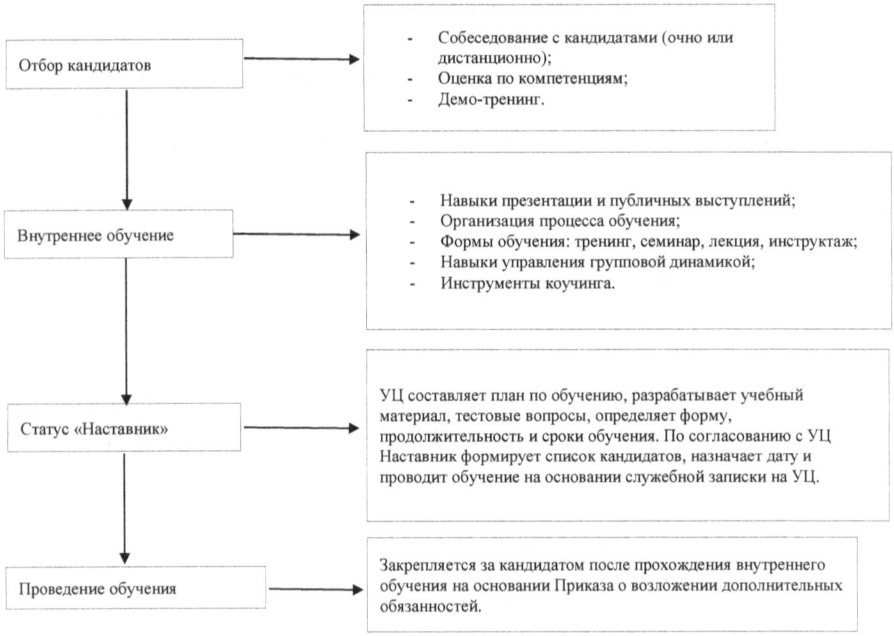

Наставники в обязательном порядке проходят внутренний отбор на присвоение статуса:
- Собеседование с HR
- Профессиональное отборочное тестирование
- Демо-версия проведения профессионального обучения

Кандидаты на статус Наставника направляются на обязательное обучение по утвержденной программе и плану обучения наставников, который формируется и утверждается HR-департаментом компании. Также компания на ежегодной основе организовывает очное обучение всех наставников, не реже одного раза в год. Компания может рассматривать вопрос о замене наставника, в случае:
- неисполнения обязанностей наставника, в части обучения работников;
- низкого уровня оценки знаний участников по проведенному обучению, ниже 80% в течение трех месяцев подряд.

Первым шагом данной системы является подбор и оформление стажера на стажировку. Подбор стажера осуществляется рекрутером на основании заявки на подбор.

Кандидат на позицию стажера заполняет анкету по учету персонала, предоставляет резюме и копию удостоверения личности для согласования кандидатуры Департаментом безопасности. После согласования кандидатуры со стажером заключается договор о стажировке и Договор о конфиденциальности информации. На основании договора о стажировке HR-департамент издает приказ о принятии стажера на стажировку и Приказ о прикреплении стажера к наставнику. Оплата стажировки устанавливается в размере не менее чем одна минимальная заработная плата, установленная законом.

Далее следует процедура организации процесса стажировки. Наставник для стажера устанавливается сроком на два месяца. Срок стажировки может быть изменен по согласованию руководителя подразделения, к которому прикреплен стажер с HR-департаментом, посредством служебной записки. По итогам стажировки стажер проходит онлайн-тестирование, результаты которого влияют на принятие решение о трудоустройстве стажера в компанию. За одним наставником одновременно может быть закреплено не более трех стажеров. Наставник проводит адаптационное обучение стажеров по плану, утвержденном в компании, который может включать в себя следующие тематики:

Для стажеров, чья деятельность связана с обслуживанием клиентов:

- Вводный курс для новых работников – продолжительность 1 час;
- Продукты и услуги компании – продолжительность 3 часа;
- Инструкция по работе с системой электронного документооборота – продолжительность 1 час;

Для персонала, чья деятельность не связана с обслуживанием клиентов:

- Вводный курс для новых работников – продолжительность 1 час;
- Инструкция по работе с системой электронного документооборота – продолжительность 1час;

Перечень учебных курсов может быть изменен, при необходимости в случае разработки новых продуктов или технических инструкций.

В рамках осуществления плана адаптационного обучения наставник может привлекать стажера к деятельности, осуществляемой подразделением, исключая допуск стажера до конфиденциальной информации. Наставник оказывает всестороннюю помощь и поддержку стажеру для успешного прохождения курса адаптационного обучения. Он осуществляет контроль за изучением учебных материалов стажером. За выполнением заданий, определяет уровень знаний стажера по мере прохождения стажировки. Наставник имеет право:

- В процессе проведения обучения давать задания обучаемым работникам и требовать их выполнения;
- Запрашивать отчеты о выполнении заданий как в устной, так и в письменной форме;
- Принимать обсуждение в вопросах, касающихся обучения работников своего подразделения;

По завершении адаптационного обучения наставник составляет отчет о проведенном обучении стажера и о достигнутых результатах, который направляется руководителю подразделения. После полного прохождения адаптационного обучения стажер проходит тестирование с помощью программы тестирования, результаты которого являются показателями эффективности проведения адаптационного обучения. На основании результатов тестирования стажера принимается решение о принятии стажера на работу и производится расчет оплаты работы наставника.

Система доплаты труда наставников начисляется на основании соответствующего Приказа о доплате работы наставников. Система доплаты включает в себя следующие виды доплат:

- Гарантированная часть – выплачивается наставнику за фактическое проведение обучения;

- Бонусная часть – выплачивается за средний уровень знаний участников обучения, которое проводит наставник.

Начисление и выплата производятся HR-Департаментом ежеквартально, на основании соответствующего Приказа, который издает HR-Департамент. К Приказу прикрепляется отчет по проведенному обучению с общим количеством часов и результат тестирования участника. Доплата осуществляется не позднее, чем через 10 дней после предоставления отчетов о проведенном обучении наставниками, либо после получения результатов тестирования участников. За фактическое проведение обучения стажера наставнику выплачивается сумма в размере 1 (одна) минимальная заработной платы, установленной законом и действующей на 1 января соответствующего финансового года за каждого стажера по итогам стажировки (2 месяца), независимо от результатов тестирования стажера. По результатам итогового тестирования стажеров наставнику осуществляется выплата бонусной части:

При результатах оценки знаний 90-100% расчет вознаграждения производится по формуле: Вознаграждение = К*Ср.Ч*t,

Где К – коэффициент, равный 2; Ср.Ч – средняя стоимость одного рабочего часа Наставника; t - общее количество часов проведенного обучения.

При результатах оценки знаний 80-89% расчет вознаграждения производится по следующей формуле: Вознаграждение = Ср.Ч*t.

При результатах оценки знаний менее 80% доплата Наставнику не производится.

После каждого обучения участники заполняют анкету обратной связи по проведенному обучению (5-бальная шкала). Если средний балл по анкете – меньше 4.5, то за данного сотрудника бонус по результатам оценки **не выплачивается**.

Таким образом, данная система является эффективным инструментом управления, в том числе и мотивационными настроениями сотрудников: причисление себя к успешной, динамично развивающейся компании создает у них дополнительную лояльность и чувство безопасности.

Целью всех этих преобразований в конечном итоге станет создание условий, поддерживающих у сотрудников желание самосовершенствоваться и стимулирующих их к наиболее продуктивной работе, в том числе и по удержанию клиентов.

Эффективность процесса обучения зависит от успешности каждого отдельного учебного мероприятия. Кумулятивный эффект от обучения не может быть получен, если каждое отдельное занятие не будет давать существенного прироста в знаниях, умениях, раскрытии новых возможностей. Для того, чтобы учебные мероприятия проходили более успешно, важно достаточно точно представлять:

- Цели и тип программы обучения;
- Особенности коммуникативного процесса слушателей;
- Специфику деятельности тренера, работающего с взрослой аудиторией;
- Отличительные параметры самой аудитории взрослых.

Таким образом, система обучения персонала должна быть ориентирована не только на наличное положение дел в компании, но и на перспективу, на подготовку персонала продаж к работе в новых условиях, адекватной оценке перспектив и формирование четкого образа желаемого результата.

Глава 4. План по вознаграждению персонала

4.1 Стандартизация работы, как инструмент внутренней лояльности

Работа любого торгового предприятия должна основываться на строгом следовании определенным правилам и процедурам. Делается это для того, чтобы излишнее творчество и креатив сотрудников не отразился на прибыли компании. Полевой персонал – менеджеры по продажам, товароведы, кассиры, сотрудники сервисных служб, это те люди, которые находятся на передовой, они и формируют имидж компании в глазах потребителей. Работа с ними должна проводиться постоянно, и начинаться еще на этапе отбора персонала. Здесь необходимо понимать, что кандидат на должность в компанию должен обладать определенным минимальным пакетом спецификаций.

Возьмем в качестве примера компьютерную компанию. В общем виде выглядеть это должно следующим образом: продвинутый пользователь ПК + развитые коммуникативные навыки. Для того, чтобы выяснить уровень квалификации и профессиональной подготовки к вступлению в должность для кандидатов всех категорий должны быть сформированы пакеты отборочных тестирований.

Процесс необходимо строить следующим образом:

1. Обозначенная периодичность в наборе персонала
2. Определение четкой, структурированной системы набора полевого персонала – профессиограммы по должностям,

3. Построение системы диагностики персонала перед вступлением в должность и первичным обучением

Средством достижения будет служить отборочное тестирование – 20 вопросов по функциональным компетенциям, 20 вопросов по психологии обслуживания клиентов. Уровень тестирования должен быть средней сложности: вопросы легкие для восприятия, но достаточно информативные.

По результатам тестирования выявляем:

- Уровень знаний и навыков кандидатов
- Способности кандидатов к дальнейшему обучению
- Желание кандидатов к дальнейшему обучению, профессиональному росту в компании, таким образом определяем социальную ответственность кандидатов

Данная первичная диагностика необходима не только потому, что позволяет оставить по-настоящему заинтересованных в обучении и работе сотрудников, тем самым, создавая условия для формирования кадрового резерва компании, но также способствует созданию имиджа компании на рынке как достойного и серьезного работодателя. Пройдя тестирование (своеобразное испытание) кандидат будет более ответственно относиться к дальнейшему обучению и своей должности – компания будет для него ценна.

В качестве наглядного примера, предлагаю варианты отборочных тестов для кандидатов на должности в компьютерную компанию.

Тесты для полевого персонала должны градироваться по степени сложности и предполагаемом образовательном уровне соискателей. Например, на должности со стереотипным характером работы и невысокой квалификацией необходимы вопросы открытого типа и общего профессионального плана – данные вопросы позволят выявить уровень общих знаний по тематике. Тестовые вопросы для Менеджеров по продажам в магазинах должны включать в себя более углубленные знания по информационным технологиям и технике продажи.

Тест для менеджера по продажам
(Вопросы по технике и психологии продажи)

1. В течение, какого времени продавец должен подойти к покупателю, если покупателя заинтересовал какой-либо товар?

А. 10 секунд

Б. 1 минута

В. Нет необходимости подходить, покупатель просто зашел посмотреть

2. Если покупатель зашел в магазин. Ваши действия?

А. Поздороваюсь

Б. Буду заниматься своим прежним делом

В. Попрошу другого менеджера подойти к покупателю

3. Продемонстрировать положительное отношение к покупателю можно при помощи:

А. Слов и тона голоса

Б. Позы и контакта глазами

В. Улыбки, внешности и скорости речи

Г. Все перечисленное

4. Сколько вопросов необходимо задать покупателю, для выявления потребностей?

А. Пять
Б. Два
В. Количество вопросов не ограничено

5. Какие вопросы на определение потребностей можно задавать?

А. О будущем хозяине покупки
Б. О предпочитаемой покупателем фирме
В. О вкусах и пожеланиях клиента
Г. Все перечисленные варианты

6. В каких случаях при презентации можно использовать жаргонные слова?

А. Запрещено во всех случаях
Б. Если покупатель сам использует жаргонные слова
В. Если покупатель не понимает терминологии

7. Как предложить клиенту аксессуары?

А. Задать вопрос о необходимости аксессуара
Б. Рассказать клиенту о необходимости аксессуара при эксплуатации товара,
опираясь на потребности клиента
В. Не задавая клиенту вопросов и, ничего не рассказывая, сразу выписать аксессуары
вместе с товаром

…………………………

Тесты для сотрудников, которые занимают инженерные должности и должны обладать углубленными профессиональными знаниями.

Диагностика потенциальных сотрудников должна проходить и в ракурсе исследования психологических особенностей кандидатов. Данные методики могут быть отличным средством для диагностики и отбора персонала на следующие должности: Директор магазина, менеджер по продажам, сервис-инженер, кассир, товаровед. Методики – психологические, но просты в применении и дальнейшей интерпретации. В основе своей они нацелены на диагностику именно тех психологических качеств и характеристик, которые необходимы вышеозначенным сотрудникам, при исполнении должностных обязанностей. В точности: на измерение уровня агрессивности, конфликтности, стрессоустойчивости – что важно при коммуникации с клиентами – уровень должен быть средним; на диагностику способностей памяти и внимания – что важно при исполнении своих производственных функций – уровень должен быть выше среднего.

Выбор методик для диагностики должен отвечать следующим требованиям: просты для понимания, обязательно валидны и надежны, с точки зрения результатов диагностики. Структура проведения диагностики такова (занимать на проведение не более 30 минут): сначала проводим тест на исследование памяти и внимания, далее стрессоустойчивости, агрессивности и конфликтности. Для облегчения интерпретации и сопоставления результатов необходимо заранее определить желательные результаты.

Когда мы подберем необходимую команду, следующим шагом будет формирование корпоративных стандартов в работе. Стандарт – это набор определенных правил и действий сотрудника на рабочем месте – своеобразный алгоритм в обслуживании клиентов.

Для стандартизации работы сотрудников и введения единого порядка во всех магазинах компании следует внедрять нормы и правила. Данные документы помогут не только руководству в организации системы контроля, но будут служить и определенным адаптационным проводником для новых сотрудников. Стандарты могут быть довольно эффективным инструментом, при правильном их использовании и грамотном внедрении.

Давайте рассмотрим на практике:

Ситуация обучения и соответственно единого базиса в работе сотрудников во многих компаниях имеет следующую схему: по городу-флагману компании обучение ведется непрерывно, как специфического, так и психологического направления. По регионам обучение непосредственное, с участием тренера ведется избирательно, в основном это опосредованное обучение, через информационные рассылки.

Проблемы возникают и с той и с другой стороны, поскольку информация, предоставленная на тренинге (в письменном виде – раздаточный материал), либо в рассылке зачастую там и остается, то есть, в электронном виде, не прочитанная менеджером. Отсюда и невысокие результаты в работе, сервисе компании. Данную практику следует менять и постоянно усовершенствовать. Для этого необходимо внедрять во-первых, корпоративные стандарты в работе и, во-вторых, корпоративную книгу продаж. Ожидаемым результатом подобных внедрений станет повышение доходности компании, посредством следования внутрифирменным нормам ведения бизнеса. Эта система поможет, как самим менеджерам в работе, так и Директорам, с точки зрения адаптации новых сотрудников.

Стандарты – это не учебник, в них нет и не должно быть пространных объяснений и вводных предложений. Это конкретные, готовые к использованию действия и фразы, которые помогут в планировании рабочих действий менеджеру.

Схема программы по внедрению стандартов должна строится в соответствии с определенной системой:

1. Документальное заверение стандартов руководящим составом компании

2. Ознакомление Директоров и сотрудников со стандартами под подпись (HR-менеджер/HR-Директор)

3. Проведение тренинговых мероприятий для закрепления алгоритмов в работе (тренинг-менеджеры) – Тематические ролевые игры

4. Утверждение корпоративного пособия в помощь менеджерам в работе – Корпоративная книга продаж

Изначально должны быть поставлены и реализованы следующие задачи:

1. Стандарты должны быть документально заверены в качестве инструкции следования

2. Стандарты должны находиться в каждом магазине и быть проводником в должность для новых сотрудников и информационным бюллетенем для более опытных менеджеров

Информационное внедрение стандартов в обязательном порядке должно сопровождаться тренинговыми мероприятиями с магазинами. Таким образом, все стандарты должны быть объяснены, отработаны и закреплены на тренингах.

Стандарты могут быть следующего содержания:

Вариант стандарта работы менеджеров в магазине может быть следующим:

1. Менеджер приветствует Покупателя. Приветствовать покупателя следует в обязательном порядке. Продавец смотрит на Покупателя и говорит: ***«Доброе утро!», «Добрый день!», «Добрый вечер!», «Здравствуйте».***

2. Менеджер постоянно визуально контролирует обслуживающую территорию, чтобы в случае необходимости незамедлительно прийти на помощь покупателю.

3. Менеджер следит за действиями и передвижениями покупателя.
4. Менеджеру запрещается говорить покупателю об отсутствии товара на складе, предварительно не перепроверив информацию и не уточнив его наличие в других магазинах сети и т.д. В случае если желаемого продукта не, оказалось, во всей торговой сети, на менеджера возлагается обязанность по информированию о ближайшем его поступлении в продажу.
5. Менеджер самостоятельно подходит к покупателю, с прайс листом в руках, в течении 10 секунд после его фиксации около витрины.
6. Менеджер подходит к покупателю с заранее подготовленной фразой. например: ***«Добрый день, ознакомьтесь, пожалуйста, с нашим прайс листом и проходящими акциями».***
7. Менеджер не употребляет такие стандартные фразы как: ***«Что вас интересует?», «Чем вам помочь?» и вопросов «На какую сумму вы рассчитываете?...***
…………………..

Вариант стандарта работы сотрудников Сервис-Центра может выглядеть следующим образом:

1. Сотрудник ответственный за приемку продукции (в дальнейшем менеджер) приветствует Клиента. Приветствовать клиента следует в обязательном порядке. Менеджер для установления контакта с Посетителем использует фразы: ***«Доброе утро!», «Добрый день!», «Добрый вечер!», «Здравствуйте».***
2. Далее менеджер внимательно выслушивает претензии и жалобы Клиента, связанные с поломкой продукции: старается выявить причину выхода из строя оборудования, при помощи корректных вопросов: на основании этой информации делает вывод о дальнейших действиях.

Помните: некорректное обслуживание клиента в С/Ц недопустимо! Наша задача состоит в том, чтобы предоставить высокое сервисное обслуживание.

3. Менеджер в процессе приема продукции использует фразы, которые помогут клиенту успокоиться, в случае, если он раздражен и не допустить конфликтной ситуации:
«Мне очень жаль, что это произошло, но мы постараемся решить это..».
4. Далее, в ходе процесса приема оборудования для последующего сервисного обслуживания менеджер обязан удостовериться в соблюдении Клиентом всех требований по предоставлению гарантии: наличие

гарантийного талона, полной комплектации товара, целостность гарантийных пломб, соответствие серийного номера. …
....

Вариант стандарта обслуживания покупателей по телефону

Стандарт является единым и обязателен для исполнения всеми менеджерами по продажам и менеджерами call-centre

Как только Вы сняли трубку телефона Вы ответственны за решение проблем клиента и должны оказать ему квалифицированную помощь

1. Поднимать трубку телефона необходимо после второго звонка.
2. Начинать разговор по телефону следует с приветствия, с последующим представлением - имени, фамилии, должности, компании. При ответе на телефонный звонок использовать приветствие – ***«Торговая сеть … – Имя сотрудника – Здравствуйте!»: «Торговая сеть … – Иванов Иван – Здравствуйте (Доброе утро/день/вечер)»***

При ответе на внутренний звонок достаточно назвать свою ***«Должность или отдел – Имя сотрудника - Здравствуйте»***

Представляться в любом другом порядке нельзя.

ВНИМАНИЕ! ***Личные телефонные разговоры на рабочем месте должны быть исключены.***

3. При переключении разговора на других сотрудников компании не заставляйте клиента ждать более 30 секунд. Обязательно дождитесь ответа абонента на другом конце провода, если абонент не отвечает извинитесь перед клиентом и попросите перезвонить позже.
4. Если он попал по назначению, и Вы в качестве собеседника его устраиваете – выясните цель звонка, и чем Вы можете помочь клиенту : ***«Какая техника Вас интересует?», «Что Вы хотите подобрать?»***
5. Если Клиент начинает спрашивать о каком-либо товаре, необходимо поинтересоваться у него, какие характеристики для него важны и для каких целей будет использоваться товар: ***«Какие функциональные характеристики Вам необходимы, чтобы ноутбук был максимально эффективным?»***

…………………

Вариант стандарта работы менеджеров отдела корпоративных продаж

Алгоритм самостоятельного поиска заказа

1. Выявляем целевую аудиторию потенциальных клиентов:
Компания-КК должна иметь возможность приобрести нашу продукцию

2. **Оцениваем Компанию - КК по следующим параметрам:**
   - финансовые возможности
   - позиция на рынке
   - стабильность и прочность бизнеса
3. **Начинаем поиск клиента:**
   Используем следующие поисковые источники:
   - интернет
   - справочники
   - личные знакомства
   - рекомендации
   - профильные выставки
4. **Составляем список реальных категорий Компаний – КК:**
   - коммерческие организации (туристические, рекламные)
   - государственные учреждения
   - банки
   - торговые компании
5. **Оцениваем потенциал Корпоративного клиента:**
   Делим КК на три условные группы:
   (А) – крупный потенциал – «голубые фишки» рынка: холдинги, крупные корпорации, концерны
   (В) – средний потенциал – сектор среднего и малого бизнеса
   (С) – мелкий потенциал – мелкий бизнес/компании на этапе становления
6. **Формируем список возможных клиентов**
   Исходим из правила: «80% Ваших усилий направлено на крупных клиентов, 20% направлено на всех остальных (средние, мелкие)»
7. **Планируем график работы с потенциальными клиентами:**
   Заполняем таблицу:

Компания	Категория клиента (крупный, средний, мелкий)	Контактное лицо/ Должность	Встреча/ Звонок	Контактные данные	Цель контакта

8. Звоним потенциальному клиенту.

Алгоритм телефонного разговора (для выяснения информации об интересующем нас лице):

1. Приветствие
2. Представление: коротко и четко
3. Выяснение, с кем разговариваете: ***«Будьте добры, подскажите, как Вас зовут?»***
4. Повод звонка: ***«У нас есть предложение для Вашего… (называем должность, либо описываем функциональные обязанности). Мы бы хотели направить ему предложение…»***
5. Просим сообщить нужную нам информацию: «***Будьте добры, как его ФИО, контактные телефоны?»***
6. Благодарим и прощаемся: ***«Спасибо, что уделили мне время, буду рад новым встречам…»***

9. Используем сценарий телефонного разговора с интересующим нас лицом:

1. Приветствуем
2. Представляемся: Кто мы и наша Компания. Говорить: **«… мы самая лучшая Компания в этой сфере…»** - не следует. Лучше: ***«…Мы являемся одними из лидеров рынка в этом направлении…»***
3. Обсуждаем регламент разговора
4. Делаем комплимент: ***«Ваша Компания – одна из известных своей области и для нас было бы большой честью сотрудничать с Вами»***
5. Позиционируем деловое, но пока не коммерческое предложение: ***«Мы хотим предложить Вам сотрудничество в области поставки и обслуживания»***
6. Интригуем клиента: ***«Мы имеем опыт/Наши достижения/ Мы можем…»***
7. Выясняем степень интереса: ***«Что Вы думаете о том, чтобы познакомиться с нашей продукцией?»***
8. Обосновываем необходимость встречи: ***«Я готов подъехать в течении 15-20 минут и познакомить Вас с сутью дела»***
9. Договариваемся о встречи: ***«Вам удобно завтра в 16:00 или послезавтра в 11:30?...»***

Всегда помним: ***Для каждой категории клиентов должно быть сформировано свое коммерческое предложение, с возможностью легкой корректировки в будущем***

Процесс внедрения корпоративных стандартов в работе должен в обязательном порядке сопровождаться:

- Восполнением отсутствующих заданных норм поведения сотрудников, то есть прописанием основных принципов корпоративной культуры
- Формированием единого общественного мнения среди сотрудников, то есть созданием легкой для восприятия сотрудниками миссии компании, определение ее задач
- Доведением до сотрудников идеи того, что соблюдение ценностей и норм внедряемых корпоративной культурой отразятся на уровне благосостояния каждого сотрудника компании
- Создание и внедрение четкой системы работы сотрудников по заданному алгоритму, например, по обслуживанию клиентов компании – написание Корпоративной книги продаж.

Данная книга является интеллектуальной собственностью Компании и отражает стандарты и эффективные стратегии повышения доходности Компании.

Ожидаемым результатом внедрения в Компании подобного пособия, является техническая поддержка менеджеров и информационная подсказка в сложных и проблемных ситуациях в продаже.

Данное пособие очень конкретное и практическое. Это конкретные, готовые к использованию действия и фразы, которые помогают менеджеру найти наиболее адекватный и подходящий выход из затруднительной ситуации в продаже. В компании данное пособие может иметь свое название, например: «Книга сценариев эффективных продаж».

Внедрение данного пособия осуществляется следующим образом:

Необходимо поставить задачи:

3. Пособие должно находиться в каждом магазине компании и быть своеобразным проводником в должность не только новых сотрудников, но и информационной шпаргалкой для более опытных менеджеров
4. Пособие должно быть в печатном виде и «не в столе». То есть, это «документ» согласно которому менеджеры строят свою профессиональную деятельность. Все это делается в помощь

менеджеру в работе и при сдаче аттестационных мероприятий в компании.

Информационное внедрение данного пособия в обязательном порядке должно сопровождаться тренинговыми мероприятиями с магазинами, таким образом, все главы из пособия должны быть отработаны и закреплены на тренингах.

Структурно пособие может состоять из пяти последовательных глав. Как вариант:

6. **Техника и психология продажи** - это сборник языковых и поведенческих шаблонов, специально адаптированных под продукты и услуги компании, под принятые в ней нормы и формы продажи и под основные типы клиентов компании

   - Шаг 1: Учимся продавать: Технология профессиональной эффективности

Пакет тренинговых мероприятий здесь может быть следующим:

- Техники персональной заинтересованности в продажах
- Фокус и ориентация на клиента в продаже
- Техники стимулирования в розничных продажах
- Этапность и динамика в продаже
- Адаптация клиента к товару

7. **Техника и психология обслуживания клиентов** – это работа с конфликтными покупателями, навыки общения и продажи посредством телефона и основные правила в общении с иностранными покупателями

   – Шаг 2: Учимся корректному обслуживанию: На пути к гармоничному сервису

Пакет тренинговых мероприятий здесь может быть следующим:

- Конфликты в продажах: работа с жалобами и претензиями покупателей
- Конфликтные покупатели: управление конфликтными ситуациями в продажах
- Техники психологического айкидо в разрешении конфликтных ситуаций
- Изучение кросскультурных особенностей покупателей-иностранцев
- Подстройки к поведению и реакциям покупателей-иностранцев

- Изучение и навыки использования иностранной лексики в продаже

8. Техника продажи корпоративному клиенту
– Шаг 3: Искусство моделирования продажи корпоративному клиенту

Пакет тренинговых мероприятий здесь может быть следующим:

- Технология поиска и привлечения корпоративного клиента
- Диагностика клиента, его покупательской способности
- Технология переговоров в процессе корпоративной продажи
- Технологии работы с личным интересом корпоративного клиента
- Формирование лояльности корпоративного клиента к компании

9. Опытный переговорщик
– Шаг 4: На переговорах с клиентом

Пакет тренинговых мероприятий здесь может быть следующим:

- Внутренняя коммуникация: Деловая беседа: навыки общения с коллегами, подчиненными
- Внешняя коммуникация: на переговорах с партнерами

10.Знания технологического характера

Данная глава делится на две составляющие:

а) маркетинговые стратегии продвижения товара клиенту, в которой рассматривается вся товарная линейка компании, с подробным описанием конкурентных преимуществ того или иного товара клиенту.

б) словарь функциональных терминов по продуктам. Данный словарь включает в себя не только классические понятия, но и информацию по последним модификациям и разработкам

Опосредованная работа по обучению, посредством Корпоративной книги продаж дает ощутимые результаты в плане общей упорядоченности работы магазинов компании и мобильности в разрешении сложных и спорных ситуаций с клиентами.

Отдельно следует оговорить, отдачу данного пособия в плане, как первичной адаптации персонала, так и дальнейшей его приверженности. Книга объединяет в себе три главных принципа адаптации: организационную, социально-психологическую и профессиональную: посредством книги происходит принятие установленных форм, норм и правил межличностного общения в компании.

На мой взгляд, данное пособие является эффективным инструментом управления, в том числе и мотивационными настроениями сотрудников: причисление себя к успешной, динамично развивающейся компании создает у них дополнительную лояльность и чувство безопасности.

Целью всех этих преобразований в конечном итоге станет создание условий, поддерживающих у сотрудников желание самосовершенствоваться и стимулирующих их к наиболее продуктивной работе, в том числе и по удержанию клиентов.

4.2 «Внимание к личности» - система нематериальной мотивации, основанная на взаимности

Работа в кризисный период знаменует собой переход от количественных показателей в работе к качественной их реализации, таким образом, количество и объемы продаж сегодня мы можем сделать благодаря качественному исполнению рабочих процедур и действий. Сотрудники, финансовые аппетиты которых в период кризиса не снизились, а реальные доходы уменьшились потеряли интерес, и тем самым, мотивацию к работе. Что логически привело к снижению качества обслуживания клиентов и общему снижению продаж.

В этой ситуации руководителям необходимо искать новые подходы к мотивации сотрудников, разрабатывать новые программы корпоративной лояльности и осуществлять контроль за происходящими изменениями. В-первую очередь, необходимо пересмотреть, и в случае необходимости реструктурировать системы лояльности персонала. Вся система мотивации должна быть нацелена на прозрачность и четкое понимание системы материального и нематериального премирования для персонала.

Следует отметить, что эффект от грамотно внедренной системы нематериального стимулирования носит более долгосрочный эффект, нежели от материального стимулирования.

Остановимся на определениях: Нематериальная мотивация – это меры и действия по формированию внутренней приверженности персонала к коллективу, к компании на основе реализации собственных мотивов и потребностей в рамках компании.

Варианты нематериального стимулирования сотрудников могут быть реализованы посредством следующих элементов:

1. ***Мотиваторы, не требующие финансовых вложений.***

К данным мотиваторам относятся следующие:

а) Формирование обратной связи:

- ежедневные пятиминутки
- еженедельные собрания с персоналом

б) Формирование легенд в компании:

- интервью, репортажи с руководителями, передовыми, перспективными сотрудниками
- мастер-классы с профессионалами из сопредельных, смежных подразделений

в) Формирование «Книги почета» в компании:

- размещение проверенных отзывов клиентов о работе сотрудников

г) Выпуск внутренней газеты с описанием результатов работы и размещение на ней фотографий лучших сотрудников и информационных заметок:

- выделение лучших сотрудников из подразделения

2. ***Мотиваторы, требующие содействия руководства и применяемые безадресно ко всем сотрудникам.***

К данным мотиваторам относятся следующие:

а) Создание и внедрение легкой для восприятия сотрудниками миссии и целей компании – формирование корпоративной целостности:

- идея: Соблюдение ценностей и норм корпоративной культуры отразится на благосостоянии каждого сотрудника: ***Желаемый образ – Реальная выгода***

б) Обучение и повышение квалификации сотрудников:

- планомерное внутрикорпоративное обучение

в) Организация спортивных мероприятий между подразделениями:

- создание команд внутри компании, проведение турниров

3. Мотиваторы, требующие финансовых затрат и применяемые адресно в зависимости от эффективности деятельности сотрудников.

К данным мотиваторам относятся следующие:

а) Соревнования между магазинами по качественно-цифровым показателям:

- лучший магазин, лучший продавец

б) Выплата единовременных пособий:

- оказание материальной помощи сотрудникам

в) Оплата отдыха, предоставление путевок:

- сотрудникам, по итогам результатов работы за определенный период

Исходя из данных посылок, мы можем сформировать следующую систему нематериального стимулировании, разграничив ее по должностям:

Варианты нематериального стимулирования сотрудников

Группа сотрудников	**Достижение**	**Вид стимулирования/поощрения**	**Средства**
Руководители структурных подразделений (Региональные Директора, Директора филиалов)	Качественное выполнение своих должностных обязанностей	- выбор в качестве лучшего руководителя, - коэффициент в распределении зарплат	- почетные грамоты, благодарности, подарки - премии -переходящий символ - «доска почета» (информационная доска)
Менеджеры среднего звена (Директора магазинов)	Качественное выполнение своих должностных обязанностей	- звание «лучший менеджер/специалист» - специальные денежные премии	- грамоты, значки/флажки футболки, подарки - премии -переходящий символ - «доска почета» (информационная доска)
Менеджеры магазинов, старшие продавцы	За хорошо выполненное поручение, подготовку проекта, проведенное мероприятие	- объявление благодарности письменно или устно - отметка на «доске почета» (информационной доске), - специальные денежные премии - подарок	- подарки - грамоты и благодарности - премии - «доска почета» (информационная доска)
Полевой персонал (продавцы, кассиры, товароведы)	Качественное выполнение своих должностных обязанностей	- специальные денежные премии - отметки на информационном стенде - карьерный рост	- премии - информационный стенд - устное общение

		- участие в корпоративных мероприятиях - объявление благодарности родителям награждение грамотой	- грамоты и благодарности

Для того, чтобы варианты нематериального стимулирования стали рабочим инструментом, необходимо подготовить почву корпоративной приверженности, когда сотрудники действительно будут воспринимать новые идеи, как сами собой разумеющиеся изменения, а не навязанные сверху никому не нужные и неважные директивы.

Для этого первым шагом формируем и реализуем программу внутрикорпоративного пиара – создаем внутренние мотивы приверженности.

Основой нематериальной мотивации в компании должен стать принцип: ***«Внимание к личности».*** Реализация данного принципа позволит со временем перейти к более усовершенствованной работе внутри компании, что повысит ее продуктивность и прибыльность.

Шаги к формированию:

<u>Основа: «Внимание к личности»: Внутренний клиент – Внешний клиент</u>

1. Достижение корпоративных отношений: общие интересы + привлекательные цели

Вариант для внедрения:

Наша цель: ***Всегда быть лидерами, на которых равняются и которым подражают.***

Наша задача: ***Обеспечение экономической успешности Компании: Благосостояние Компании – наше благосостояние***

Наша деятельность: ***«Мы, как одна команда «…», предоставляем самый лучший сервис нашим покупателям в продаже и представляемых нами эксклюзивных услугах»***

Наши ценности: ***«Все мы, команда «…». Мы лидеры, нас знают, уважают, к нам обращаются за советом. Наше кредо: Всегда держать пальму первенства, быть лучшими, идти на опережение!***

2. Формирование «чувства собственичества»: Престиж Компании и работы в ней.

Вариант для внедрения:

1. Построение грамотной системы работы с персоналом: Формирование обратной связи.

Начинаем с формирования корпоративной осведомленности – обратная связь. Для этого необходимо не на инициативной основе, а на обязательной ввести правило еженедельных и ежедневных мини – собраний.

Для чего необходимы подобные мероприятия и что они дадут в результате, при условии грамотного их внедрения:

Цель: связать результаты работы, которых мы хотим добиться, с необходимым поведением, которого мы требуем от наших сотрудников по отношению к покупателям.

Проведение данных собраний может, по усмотрению быть делегированным Менеджерами старшим продавцам. Условие одно – это должно быть и быть не «ради галочки».

Основные и необходимые элементы собрания:

1. Позитив и настроение: Вы – руководители, отвечаете за настроение Ваших подчиненных и устанавливаете ритм и мотивацию на день, неделю, месяц.
2. Ценность командной работы: Во время собрания происходит формальное и неформальное сплочение.
3. Обмен информацией: Любой бизнес сложный и быстрый. Чтобы оставаться конкурентоспособными и продолжать развиваться необходимо постоянно обмениваться информацией.
4. Признание заслуг и талантов: Ваши сотрудники заслуживают того, чтобы мнение об их работе и личное признание в успехах было в присутствии всех коллег… Удовлетворите эту их потребность!

Ежедневные оперативные совещания:

Можно предложить следующий вариант ежедневных утренних/ вечерних собраний

1. Результаты работы за прошедший день: Молодцы/ Причины, почему не дотянули
2. Признание: Должно быть конкретным, узнайте, кто внес свой вклад – похвалите, покажите пример другим

3. Обсуждение вчерашних задач и их связь с необходимыми сегодняшними результатами
4. Определение задач и необходимых результатов на сегодняшний день
5. Отработка навыков с помощью ролевых игр

Временные рамки каждодневного собрания: 15 минут, не более. Не затягивайте, проводите его в боевом, бойком темпе. Алгоритм следующий (пошагово):

1. Разминка или веселое упражнение, которое поможет Вам настроить людей
2. Обсуждение результатов работы за предыдущий торговый день
3. Признание успешной работы
4. Обсуждение вчерашних фишек и успешных приемов, которые помогли в работе с клиентами
5. Постановка задач на сегодняшний день
6. Определение товарных групп необходимых для активной продажи на текущий день
7. Проведение ролевой игры
8. Повторение задач на текущий день

Еженедельные оперативные совещания:

Длительность 30-45 минут

Проводить необходимо после общего собрания у руководства, при нововведениях и позитивных изменениях в компании. Данные, озвученные на этих собраниях должны быть позитивно окрашены, ни в коем случае не должно быть «плохих» вестей. Ваша задача: оптимизировать психологический климат и настроить на работу в команде. Структура данных собраний может быть следующая:

1. Информирование персонала о новостях в компании
2. Проверка выполнения поручений с прошлых совещаний
3. Проверка степени достижения долгосрочных целей подразделения

Данные совещания желательно проводить в одно время, в один и тот же день недели.

Это будет ваш первый шаг на пути к достижению корпоративного духа. Начинаем с него поскольку сотрудникам очень важно на первом этапе увидеть внимание к себе и понимание. Если сделаем все грамотно, то все получится. Первые пару собраний вы, возможно, столкнетесь с возражениями и нежеланием сотрудников участвовать – здесь задача, показать, что вы с ними, понимаете их и готовы к радостному и плодотворному сотрудничеству. Станьте, не только кнутом, но и пряником!

Помните: Любая работа должна быть спланирована, таким образом, составьте себе график распределения рабочего времени, контролируйте себя в обязательном исполнении запланированных мероприятий, этим вы также покажете отличный пример своим подчиненным.

3. Высокий уровень психологического обеспечения работы в компании

1. Построение четкой системы информирования сотрудника на этапе отбора персонала в Компанию: миссия, цель, перспективы компании на рынке, перспективы данного, конкретного сотрудника в компании

Вариант для внедрения может быть следующим:

Кодекс поведения

...– это лидирующая торговая сеть на территории Республики. Мы – это Компания, которая ломает привычные устои розничной торговли и идет на несколько шагов дальше своих конкурентов. Наш успех – это прямое отражение наших сотрудников и нашей корпоративной культуры

Для известной и развивающейся Компании у нас должен быть единый язык и единый свод правил, которые будут укреплять и защищать то, что нам, как команде дорого и важно для дальнейшего развития бизнеса.

Наш бизнес основан на компетентности, честности и ответственности перед клиентами, коллегами и партнерами - безусловных характеристиках, которые не подвергаются сомнению. Сотрудники Компании – это команда единомышленников, стремящихся к самому высокому качеству в производстве, информатизации и методах ведения бизнеса. Таким образом, МЫ стремимся к совершенству во всем!

В Компании не ставят границ в достижении успеха и всегда готовы к новым предложениям,

НАША ОСНОВНАЯ ГОРДОСТЬ – КВАЛИФИЦИРОВАННЫЙ ПЕРСОНАЛ

Активные, молодые, целеустремленные лидеры, готовые всегда держать пальму первенства, в том деле, которым занимаются!

НАШЕ КРЕДО: КОМПАНИЯ ДЛЯ СОТРУДНИКОВ, КЛИЕНТОВ, ПАРТНЕРОВ

Мы стремимся, чтобы работа в нашей Компании была бы не только интересной, но и достигала своей главной цели - служила основой финансового благополучия наших сотрудников и их семей. Главная движущая сила нашего бизнеса — люди. Каждый из наших работников вносит свой вклад в общий успех, а существующая в Компании политика вознаграждений позволяет премировать лучших!

Итак, стремимся к совершенству! Что для этого необходимо:

Наша философия: ***Уважение личности:***

В наших магазинах отношение к любому покупателю строится на основе уважения вне зависимости от возраста, должности, пола и национальности человека.

Таким образом, мы:

- Ориентируемся на клиента**:** Мы работаем в условиях жесткой конкуренции. Только постоянно отвечая запросам своих покупателей, мы можем прийти к успеху.

- Взаимообогащаемся*:* У наших сотрудников часто появляются деловые, креативные идеи, которые могут выходить за рамки должностных обязанностей. Такие идеи должны быть обязательно вынесены на обсуждение и приняты во внимание!

- Работаем в дружной, сплоченной команде: Задачи, стоящие перед нашей Компанией глобальны и для достижения успеха нам необходимо работать всем как одна Команда. Мы должны оказывать максимально возможную помощь друг другу, замечать успехи своих коллег и никогда не скрывать информацию.

- Получаем удовольствие: Работа должна приносить удовольствие. Даже в моменты стресса и сложных ситуаций, сопровождающих процесс создания и развития нашей Компании, все мы должны сохранять чувство юмора и не терять оптимизма!

И приходим к основной нашей цели:

Прибыльность Компании – это конечная цель нашей работы. Это критерий нашей успешности и конкурентоспособности

Приступив к работе в Компании Вы становитесь ее частью. Коллектив тогда становится Командой, когда личные интересы каждого отдельно взятого сотрудника совпадают с корпоративными. Если этого не происходит, приходится поступиться личным в интересах общего. В работе должно быть понимание целей и ориентация на единый результат!

Поэтому, соблюдаем наши основополагающие принципы:

Принцип 1: Все хорошо, что ведет к упрощению (разумеется, без ущерба для качества). Если Вы упрощаете (работу - коллеге, покупку - Клиенту и т.д.), - Вы правы.

Принцип 2: Если при решении сложных вопросов Вы спокойно следуете процедурам и корпоративным стандартам, а не эмоциям и обидам, - Вы правы.

Принцип 3: Если то, что Вы делаете, защищает Компанию, - Вы правы.

Принцип 4: Если Вы делаете больше, чем от Вас ожидали, - Вы правы.

2. Построение четкой системы планирования карьеры сотрудников:

Формирование внутриорганизационного консультативного центра по управлению карьерой

Задачи:

1. Анализ перспектив и оценка трудового потенциала сотрудников
2. Критерии оценки профессионализма сотрудников
3. Разработка плана профессионального продвижения для каждого сотрудника

В качестве варианта для внедрения:

Внедрение принципа: Organizational career planning – планирование роста сотрудников Компании, с точки зрения интересов Компании:

1. Изначальное тестирование профессиональных устремлений сотрудников на этапе собеседования с ними: проведение профессиональной диагностики
2. Проведение постоянного мониторинга:

- каждый перспективный специалист, недавно приступивший к работе (менеджер по продажам).

Карьерная лестница: продавец:

Продавец – старший продавец - 1 вариант: Менеджер/ Директор магазина

2 вариант: Менеджер отдела закупа, менеджер дилерского отдела, Тренинг-менеджер

- сотрудники среднего звена менеджмента, которым необходимо повысить свой профессиональный и образовательный уровень – проведение тренинговых мероприятий – диагностика знаний, умений и навыков – рекомендации к дальнейшему карьерному планированию.

Возможно внедрение специальной программы, помогающей сотрудникам самим определять приоритеты своего профессионального развития – исследование карьерных ожиданий сотрудников.

4. Комфорт труда

1. Информационная осведомленность
2. Наличие положительных традиций в Компании:
   - профессиональные праздники
   - поздравления с Днем Рождения (всех, без исключения и градации по должностям)
   - рождением ребенка
   - государственные, национальные праздники (поздравления с Новым Годом, 8 – марта, 23 февраля и др) – посредством электронной рассылки

5. Формирование корпоративной целостности и профессиональной ответственности

1. Грамотное внедрение корпоративных стандартов
2. Создание легкой для восприятия сотрудниками миссии Компании, определение ее задач (в виде стимула к действию): ***«Покупатель – это тот, кто приносит нам свои желания. Мы, как алхимики, превращаем их в прибыль»***
3. Доведение до сотрудников идеи того, что соблюдение ценностей и норм, внедряемой культуры отразятся на уровне благосостояния каждого (Желаемый образ – реальная выгода). ***Формирование легенд в Компании. Истории сотрудников, которые добились успеха: материального, социального, и признания в Компании. Например: Учредители, …***
4. Формирование книги почета в Компании. ***Книга, которую можно сделать в виде газетных вырезок об успехах сотрудников, об общих успехах Компании. Книгу, в обязательном порядке озвучивать на всех корпоративных мероприятиях.***

6. Обучающая составляющая в Компании:

1.Обеспечение стабильности в обучении

2.Градация обучения по должностям

3. Предоставление полной информационной составляющей коммерческих решений в Компании

7. Написание корпоративной книги продаж: «Корпоративные Рабочие Стандарты»:

Данное пособие является интеллектуальной собственностью компании и отражает стандарты и эффективные стратегии повышения доходности компании, посредством внутрифирменных принятых норм ведения бизнеса. Ожидаемым результатом внедрения в Компании подобного пособия, явится информационная поддержка Менеджеров, продавцов в магазинах и подсказка в сложных и проблемных ситуациях в продаже.

Данное пособие очень конкретное и практическое. Это не учебник, в нем нет пространных объяснений и вводных предложений. Это конкретные, готовые к использованию действия, фразы, памятки и инструкции, которые помогут сотруднику найти наиболее адекватный и подходящий выход из затруднительных ситуаций, которые могут произойти в магазине.

По содержанию пособие может охватывать основные направления в работе магазина и иметь следующие главы по направлениям:

1. Кодекс поведения
2. Роли и обязанности сотрудников в магазинах
3. Технологии эффективных продаж
4. Профессиональная эффективность Менеджера магазина
5. Профессиональная эффективность продавца

Варианты по формированию корпоративного духа среди сотрудников помогут создать базис мнений и впечатлений от сотрудников, которые реальным подспорьем в дальнейшей реализации ваших действий.

В качестве первичных мер по внедрению можно предположить следующий вариант мероприятий. Данная программа рассчитана на один месяц, по ее окончанию необходимо провести замеры по изменениям.

Таблица 2: План внедрения мероприятий по формированию внутренней лояльности полевого персонала

Дата	*Проводимые мероприятия*	*Цель*

4.03.-10.03.	Проведение тренингов по корпоративным стандартам компании. ***Целевая аудитория:*** Продавцы, Кассиры, Менеджеры магазинов Тренинг для Менеджеров магазинов: «Искусство нематериальной мотивации» 1 часть ***Целевая аудитория:*** Менеджеры магазинов, старшие продавцы	Зажечь сотрудников единой корпоративной идеей. ***Задача:*** Формирование понимания миссии и целей компании.
По предварительной договоренности с сотрудниками	Работа в магазинах (ежедневно: с утра до вечера) «легендарных» сотрудников компании, которые могут дать пример в работе и достижению успеха в Компании: 1 день – 1 сотрудник – 1 магазин	Повышение корпоративного духа и чувства значимости. ***Задача:*** Демонстрация карьерной лестницы в компании.
18.03.-24.03.	Проведение ассессмента ***Целевая аудитория исследования:*** Менеджеры магазинов, продавцы Тренинг для менеджеров: «Искусство нематериальной мотивации» 2 часть ***Целевая аудитория:*** Менеджеры магазинов, старшие ТК, ТК 1-ой категории	Выявить сотрудников с лидерским потенциалом. ***Задача:*** Выявить у каждого сотрудника имеющиеся навыки и скрытые возможности, которые смогут сделать его работу в компании более продуктивной.
25.03.-31.03.	Работа с Менеджерами магазинов по формированию кадрового резерва.	Формирование кадрового резерва компании. ***Задача:***

	Целевая аудитория: Менеджеры магазинов Тренинг для менеджеров: «Искусство нематериальной мотивации» 3 часть ***Целевая аудитория:*** Менеджеры магазинов, Старшие продавцы	Сформировать понятие об основных принципах нематериальной мотивации. Улучшить коммуникации между менеджером и персоналом магазина. Выработать практические навыки нематериальной мотивации.

Контроль реальных изменений измеряем следующим образом:

Критерии оценки эффективности внедрения программ лояльности для торгового персонала

KPI	***Критерии оценки***	***Показатели***	***Средства***
Еженедельные количественные данные			
1. Производительность	Показатели продаж – прибыль магазина	1. Увеличение валовой прибыли на одного сотрудника; 2. Увеличение выработки на одного продавца,	1. Анализ отчетов по продажам;
2. Клиенты	Уровень удовлетворенности клиентов	1. Коэффициент среднего чека; 2. КОП;	1. Анализ отчетов по продажам; 2. Результаты акций «Тайный покупатель»
3. Процессы	Процент исполнения внутренних нормативных документов	1. Снижение количества административных наказаний; 2. Повышение качества обслуживания клиентов согласно корпоративным	1. Результаты акций «Тайный покупатель», ориентированных на оценку качества обслуживания клиентов; 2. Мониторинг динамики

		стандартам в работе; 3. Качественные рейтинги продавцов;	изменений административных наказаний персонала за период; 3. Плановые проверки магазинов сотрудниками ЦО;
Качественные данные в перспективе: 1 мес. – 6 мес.			
4. Рост и развитие	Процент приверженности (лояльности) персонала в общей доле персонала	1. Снижение уровня текучести кадров; 2. Динамика вертикальной ротации кадров; 3. Повышение мотивации достижения;	1. Стабилизация кадрового состава магазинов; 2. Стабилизация текучести кадров на уровне 15-20%; 3. Анализ аттестационных результатов: рост профессиональной компентности персонала (1 категория) - 40-50%;

Формируя систему внутренней лояльности, в-первую очередь, необходимо понимать, что торговый персонал – это основной и самый важный элемент в работе розничного магазина, именно сотрудники магазинов: Менеджеры, продавцы, кассиры, товароведы стоят на передовой и являют собой «лицо» компании, тем самым, формируя ее имидж в глазах основных потребителей. Пренебрежение, казалось бы, «малым» - ***Вниманием к личности*** может стоить компании потерей имиджа и соответственно прибыли. В свою очередь, формирование корпоративного духа принесет Компании лояльный персонал, имидж достойного поставщика продукции и работодателя.

Глава 5. План по коммуникационной сопряженности персонала

5.1 Культура коучинга в компании, как инструмент развития персонала

Современные технологии управления торговым персоналом базируются в основном на методологии «кнута и пряника». На взгляд менеджеров по персоналу таких компаний, подобные методы оправдывают себя действенностью, быстротой и простотой исполнения для отдела кадров. Это либо наказания и штрафы практически за все, что только можно стандартизировать, либо небольшие поощрения, которые зачастую в дальнейшем нивелируются штрафами. Подобный способ мотивации оправдывает себя только на первых этапах работы с новичком и, возможно, на испытательном сроке. Далее следует либо конфликт интересов работодателя с работником, либо быстрое увольнение последнего. Отсюда и большая текучесть полевого персонала.

Выход есть — это более четкая и целенаправленная работа с каждым отдельным сотрудником. Безусловно, это сложно и требует намного больше времени, нежели стандартизированный подход, но результат этого стоит. В итоге можно получить:

- устоявшийся коллектив сплоченных и целеустремленных сотрудников;
- отличное знание своего дела, исполнение и преемственность внутрикорпоративных стандартов в работе;
- более гуманные отношения в диаде «работодатель — работник».

В профессиональной литературе много говорится о том, что сотрудник настоящего — это не просто винтик в машине производственных процессов, а личность, которую необходимо знать, изучать и в определенных случаях подстраиваться под нее. В теории все это знают, но мало кто реализует на практике. Ситуация такова, что руководители в большинстве своем не понимают, как это сделать правильно, чтобы результат не разочаровал, а сотрудник в конечном итоге не переложил свои обязанности и ответственность на начальника. К сожалению, так и происходит в большинстве случаев: как только руководитель начинает узнавать личность подчиненного и, казалось бы, становится ближе к нему — подчиненный расслабляется и часто теряет профессиональную дисциплинированность. Этого нельзя допускать, поскольку в конечном итоге подобная ситуация может привести сначала к панибратству, потом к потере управленческого авторитета, и в конце концов — к попустительскому стилю управления.

Чтобы всего этого не произошло, в компаниях следует внедрять культуру коучинга, которая поможет прийти к взаимной удовлетворенности работодателя и работника посредством нахождения схожих профессиональных и личностных ориентиров.

Что же такое коучинг и как его ориентировать в менеджмент компании? Классиками теории коучинг определяется так:

- наставничество и поддержка;
- лидерство;
- достижение определенных целей;
- личный пример успешности и его трансляция.

Хотелось бы подытожить и вывести определение, которое будет ориентировано в большей степени на менеджмент: коучинг — это формирование бессознательной компетентности сотрудника посредством раскрытия его творческого потенциала и выявления внутренних перспектив.

В целом, коучинг призван поддерживать и направлять сотрудника в сторону личной эффективности и формировать навыки, которые помогут ее достичь. Каждый человек имеет свои убеждения, свое видение определенных ситуаций, свое место и роль в них. Причем и место, и роль вовсе не всегда бывают позитивно окрашены, что в итоге формирует неуверенность и нежелание продуктивно работать. Зачастую работник даже не задумывается над этим, он продолжает жить стереотипными действиями, ежедневно воспроизводя ранее заданную программу: удобную, но не продуктивную. Человек не видит своих перспектив, не замечает того, что лежит за кругом его личностного комфорта, ему никто не покажет и не расскажет, как могло бы быть. Именно в этом и состоит основная задача коучинга и коуча, который его предоставляет: расширение видения и демонстрация реальных перспектив, которых может достичь человек.

Теперь перенесем это в область менеджмента: коучинг — процесс управления, коуч — руководитель, личность — сотрудник. Для начала каждому руководителю необходимо понять и принять следующие обязательные постулаты:

1) сотрудник — это личность со своими решениями, правилами и стремлениями;
2) у каждого человека есть свои позитивные намерения;
3) любое действие работника может оказаться полезным в той или иной ситуации;

4) для успешной коммуникации с подчиненным необходима четкая обратная связь;
5) любой человек обучаем;
6) сотрудник всегда стремится сделать наилучший для него выбор из доступных возможностей;
7) в поле сознательного внимания человека одновременно находятся семь (плюс-минус две) единицы информации.

Исходя из основных положений коучинга, руководителю необходимо строить свою работу с сотрудником определенным образом. Нет нужды хорошо знать работника и обладать психологическими компетенциями — достаточно доброжелательного отношения и установки на раскрытие потенциала подчиненного. Управляющий должен понимать, что сотрудник — это человек с присущими ему особенностями: ленью, эгоизмом, тщеславием и зачастую неуверенностью в себе. Принимая все это во внимание, начальник может создать необходимую для работы профессиональную направленность подчиненного, при этом задействуя как его профессиональные, так и личностные характеристики.

Если разобрать это пошагово, то получится следующая простая схема:
▪ понять и донести до сотрудника, чего он в действительности хочет добиться;
▪ выяснить совместно с работника, какими методами и с помощью чего он сможет достичь желаемого;
▪ проверить эмоциональную готовность подчиненного: проанализировать его эмоциональное состояние и решимость к выполнению задуманного;
▪ проверить реальность цели: протранслировать образ желаемого будущего сотруднику.

В качестве сравнения рассмотрим на примере, как осуществлялся процесс управленческой коммуникации раньше, а в большинстве компаний продолжается до сих пор:

Процесс управленческой коммуникации

Руководитель	Сотрудник
Авторитарно предоставляет поручения и задания	Ответственный / безответственный исполнитель
Осуществляет контроль с указанием на ошибки	Понимающий / не понимающий свои недочеты в работе

Выносит административное порицание / административное поощрение	Лояльный к замечаниям в свой адрес / отвергающий критику работы и требования компании

Теперь обратим внимание на таблицу ниже и сравним с коучинговым подходом, который необходимо использовать в работе.

Коучинговый подход

Руководитель	Сотрудник
Авторитет, лидер, предоставляющий определенные поручения определенным сотрудникам	Ответственный сотрудник, профессиональные и личностные особенности которого учитываются в работе
Производит контроль с анализом ошибок и совместной с сотрудником их аналитической проработкой	Понимающий и аналитически мыслящий сотрудник, готовый планомерно исправлять недочеты
Осуществляет индивидуализированный мотивационный подход с учетом всех позитивных и негативных моментов в работе	Лояльный сотрудник, готовый к дальнейшему совершенствованию

Вышеописанный вариант (табл. 2) выглядит утопичным, но к нему вполне можно приблизиться в итоге. Достаточно начать с малого: привлекать сотрудников, разговаривать с ними, таким образом понемногу прививая коучинговую культуру.

Первым шагом должны стать трансформации в поведении самого руководителя как определенного примера для подражания. Итак, важные качества руководителя, как коуча:

1) раппорт, т.е., необходимость понимать и принимать, что точка зрения сотрудника — это реальность, которая дает более широкий доступ к его ресурсам;

2) уважение, т.е., понимание, что все люди равны в партнерстве: подчиненный в этом случае для руководителя является со-лидером;

3) уважение к индивидуальности и личному восприятию сотрудника, понимание, что каждое видение ситуации, а в данном случае — восприятие сотрудника является основой развития;

4) способность вдохновлять других — руководитель должен создать для подчиненного такой путь, который будет связывать две точки: настоящее состояние сотрудника и будущее желаемое состояние.

Основное правило, которое необходимо помнить при работе с сотрудником, это в любом разговоре, беседе, деловой или личностной, подчиненного необходимо развивать, давая ему возможность познать себя, раскрывая собственные возможности. Делать это следует с помощью открытых направляющих вопросов. Закрытые вопросы в этом случае сыграют против руководителя и установят дистанцию между ним и сотрудником. Поэтому работа руководителя-коуча с подчиненным должна базироваться в основном на открытых вопросах, направленных на будущее последнего. Характеристики, которыми обладают открытые вопросы в этом случае, представлены в таблице ниже.

Характеристики открытых вопросов

Открытые вопросы	Закрытые вопросы
Подразумевают множественные ответы сотрудника, т.е. дают ему возможность анализировать свое профессиональное поведение и действия	Ответы уже известны
Помогают сотруднику думать шире и глубже, идти дальше, т.е. планировать свои профессиональные действия	Выводы фиксированы, варианты ответов изначально заданны: да / нет
Направлены в будущее	Дают выводы о прошлом и в отношении настоящего
Не наталкивают на готовое решение, а дают возможность более свободных, творческих суждений	Подводят к определенному ответу

Вопросы, направленные на настоящее и будущее сотрудника приведены ниже

Вопросы, направленные на прошлое, настоящее и будущее сотрудника

На прошлое (от чего-либо)	На настоящее (к чему-либо)	На будущее

■ Каким способом вы этого достигли? ■ Как вы это видите? ■ Как мы могли это сделать? ■ Как мы могли получить идеи? ■ Есть ли такой способ? ■ Что мы можем сделать?	■ Какие есть еще способы? ■ Как вы ощущаете этот процесс вашего собственного открытия? ■ Как еще мы могли бы это сделать? Что предпринять нового? ■ Как мы могли бы получить еще больше новых отличных идей? ■ Давайте поищем хорошие способы ■ Как мы можем получить то, что нам действительно нужно?	■Как вы могли бы начать?

Сосредотачивая внимание на настоящем и будущем подчиненного, его можно направить на достижение конкретной задачи, которая при этом получает определенный контекст. Работу с поставленной целью предлагается вести следующим образом.

1. Формулировать ее в позитивных терминах: «Чего вы хотите?», вместо «Чего вы не хотите?»

2. Проверять зону контроля поставленной цели, т.е. способен ли человек, поставивший эту цель, ее достичь? При этом сотрудник должен ответить на следующие вопросы.

▪ Как вы можете это получить?

▪ Как вы узнаете, достигли ли вы запланированного результата?

▪ Что бы вы делали для того, чтобы его получить?

▪ Является ли то, что вы делаете, важным для того, чего вы хотите?

Использование данных вопросов является проверкой важности информации в отношении формулировки человеком своего результата. Это нужно для того, чтобы отличить необходимую информацию от излишней, которая может отвлечь от целенаправленных действий.

3. Проверять цель на ее измеряемость и воспринимаемость, т.е. сформировать ее привязку к определенному контексту и времени. Здесь подчиненный отвечает на такие вопросы.

▪ Что вам нужно для того, чтобы получить результат?

▪ Какой первый шаг вы можете сделать сейчас?

▪ Как вы узнаете о том, что идете в правильном направлении?

▪ К какому времени (сроку) вы хотите получить желаемое?

▪ Что у вас есть сейчас и что вам еще нужно, чтобы добиться своей цели?

4. Проверять цель на экологичность, т.е.просчитать все последствия этого достижения в будущем и настоящем. В идеале результат должен вписываться в общий план и соответствовать краткосрочным и долгосрочным целям.

▪ Какое влияние это окажет на вашу жизнь?

▪ Как сочетаются ваши результаты и результаты других людей, находящихся рядом с вами?

▪ Для чего вам это нужно?

▪ Что вы получите и что вы утратите, если вы этого добьетесь?

Далее следует создать для работника эмоционально комфортную обстановку — сформировать раппорт и чувство сотрудничества, это поддержит человека и определенным образом подтолкнет его к действиям и, соответственно, к развитию.

Как вариант, руководитель-коуч в беседе может поддержать своего сотрудника следующими фразами.

▪ «Действительно любопытно, как это может приблизить нас к цели увеличения продаж?»

▪ «Пока вы говорили мне это, я поймал себя на мысли о том, что это действительно может сработать».

▪ «Обязательно расскажите мне, как все получилось, мне это интересно».

Используя в коуч-беседе поддерживающие фразы, начальник негласно дает понять подчиненному, что он принимает его и готов к сотрудничеству. В свою очередь, для работника подобный посыл является некоторым эмоциональным и профессиональным стимулом, основанным на понимании того, что его труд и профессиональные заслуги ценны для компании, а сам он является полноправным членом коллектива и личностью, к чьему мнению прислушиваются.

Задача директора в дальнейшем сохранить, упрочить и культивировать это чувство у сотрудника. Для того, чтобы сохранить у подчиненного чувство уверенности и полезности присутствия в разговоре, руководителю необходимо использовать прием повтора, т.е. строить обратную связь, кратко резюмировать полученную от сотрудника информацию. Этот навык позволяет создать конгруэнтность и определенные ценностные параллели между руководителем и подчиненным. Примеры фраз для повтора могут быть следующими.

- «Позвольте мне прояснить…»
- «Я хочу проверить, правильно ли я понял, что …?»
- «Все ли моменты я уловил…?»
- «То есть, по сути, вы говорите мне, что … Правильно?»
- «Вот что мы уже сделали …»
- «Давайте пересмотрим основную важную информацию, которую мы уже собрали …»

Обратная связь крайне важна для сотрудника, именно благодаря ней он понимает, чего избегать, а что наоборот усиливать в своем поведении и работе. Обратная связь может оказаться для подчиненного как положительным моментом, который будет для него позитивным подкреплением, так и отрицательным, т.е. негативным подкреплением, которое будет нести в себе чувство вины и неудачи, понижая тем самым самооценку человека. Примеры формирования позитивного подкрепления, которое повысит таким образом самооценку сотрудника, отображены ниже.

Негативное и позитивное подкрепление для сотрудника

Негативное подкрепление	Позитивное подкрепление
Проблема: что со мной не так?	Результат: чего я (моя команда) хочу?
Неудача: это моя вина	Обратная связь: как я (мы) могу этому научиться?
Почему: почему это произошло именно со мной?	Как: каким образом у меня это получается? Как и где я могу еще это использовать?
Ограничение: как меня это ограничивает? Смогу ли я вообще чего-нибудь добиться?	Возможность: какая возможность здесь есть для меня?

Опыт показывает, что обратная связь наиболее эффективна тогда, когда она является описательной, а не оценочной. Кроме того, эффективная обратная связь включает описание того, какую реакцию чьи-то действия вызвали у собеседника. Для описательной обратной связи характерно стремление сообщить об испытываемых чувствах, а для оценочной —

стремление высказать суждение о другом человеке либо дать оценку качеству или достоинству его действий или работы. Можно выделить несколько основных свойств обратной связи.

▪ *Обратная связь должна быть конкретной, а не общей.* Когда человеку говорят, что он эмоционален или апатичен, слишком чувствителен или мало чувствителен — это мало помогает. Такие характеристики являются крайне общими, хотя они и выглядят отчасти правдивыми, они описывают ситуацию на таком общем и абстрактном уровне, что та информация, которая в итоге выходит, не имеет практического смысла.

▪ *Обратная связь учитывает потребности и дающего, и принимающего ее.* Человек должен понимать доносимую информацию, принимать ее и каким-то образом использовать себе во благо.

▪ *Обратная связь должна быть направлена на такое поведение получателя, которое он может контролировать или как-то изменить.* Предоставляя сотруднику обратную связь, руководитель демонстрирует свою заинтересованность в профессиональном и личностном развитии подчиненного, а работник, в свою очередь, чувствует свою социальную и профессиональную значимость.

Для сотрудников торговых компаний, в частности полевого персонала, чей возраст зачастую не превышает 25–27 лет, культура коучинга может оказаться отличным мотиватором саморазвития. Эта культура дает человеку понимание того, с какой целью он находится в данной компании, что от него требуется в отношении профессионализма и рабочих действий, каким образом можно выполнять эти задания правильно и наиболее эффективно, а также чего ожидать в результате.

Чтобы сформулировать основные положения работы коуч-мотивации в контексте торговых компаний, начнем с основ для руководителя:

▪ начинать следует с того, во что управляющий сам верит;

▪ озвучивать необходимые для работы сотрудника убеждения;

▪ добавлять эмоциональную энергию и изюминку.

Таким образом, коуч-беседы становятся:

▪ четкими и легко доступными;

▪ чувственными, т.е. правдоподобными и настоящими;

▪ лаконичными — по существу;

▪ непротиворечивыми — подключены искренние эмоции и убеждения руководителя.

Любая торговая компания постоянно претерпевает определенные изменения, поэтому особо важен тот факт, что набирать следует лучших, обучать их на высшем уровне и управлять людьми так, чтобы они самостоятельно развивались, показывая результаты, которых от них ожидают. Таким образом, рекомендуется внедрить на фирме систему развития талантов, состоящую из двух основных компонентов управления лидерами, начиная от полевого персонала магазинов и заканчивая директорами филиалов.

1. Управление результатами.
2. Развитие потенциала (коуч-встречи).

Здесь необходимо обратить внимание на процесс управления результатами, поскольку это является одним из необходимых факторов для развития.

Управление результатами связано с сотрудниками, достигшими путем следования стратегии и ответственности за то, что они обещали сделать, определенных профессиональных высот, которых от них ожидает компания. В системе управления результатами очень важно наладить бизнес ритм, включающий еженедельные / ежемесячные коуч-встречи как определенный ориентир в профессиональном росте работника.

Коуч-встреча — это инструмент, который позволяет создать бизнес ритм, как для руководства, так и для подчиненных, что в итоге дает определенные преимущества в работе. В частности,:

- позволяет обсудить все деловые и творческие вопросы по работе в спокойной обстановке;
- дает понять сотруднику, чего от него ожидают, снижая тем самым эмоциональное напряжение и неуверенность человека;
- дает возможность управляющему похвалить подчиненного за хорошие результаты в работе;
- позволяет руководителю задокументировать конкретный план улучшения работы сотрудника;
- формирует бизнес-ритм контроля над выполнением плана.

Коуч-встречи очень важны, потому как персонал заслуживает и, что более важно, сам хочет получить помощь в работе. Поэтому любая коуч-встреча полезна, но лишь в том случае, если она отвечает следующим требованиям.

1. Все директора магазинов (руководители) обязаны еженедельно / ежемесячно проводить и документировать коуч-встречи со своими сотрудниками.
2. Коуч-встреча должна быть назначена заранее, сотрудника необходимо предупредить о ней минимум за неделю, сообщив время и место проведения.
3. Директор, проводящий коуч-встречу, должен заранее подготовить следующие материалы:
▪ бизнес план подразделения или магазина на будущую неделю / месяц;
▪ вопросы, включая контрольные вопросы по бизнес плану магазина или подразделения
Рекомендуемые вопросы к коуч-встрече

Руководство к действиям	Руководство к развитию: планирование
▪ Чем вам больше всего нравится заниматься? ▪ Что вас вдохновляет? ▪ Какую самую лучшую благодарность или поощрение вы когда-либо получали? ▪ Как ваши способности помогают вам в выполнении работы? ▪ Что может вам помешать при выполнении работы? ▪ Как вам легче всего обучаться? ▪ Что бы вы сделали для того, чтобы развить свои способности? ▪ Какие дополнительные навыки и знания вам необходимы для того, чтобы развиваться? ▪ Как вы планируете этого добиться? ▪ Когда вы собираетесь это сделать? ▪ Как я, будучи вашим начальником, могу вас поддержать?	▪ Где и кем вы себя видите через три года? ▪ Что поможет вам достичь желаемого? ▪ Будут ли на вас влиять оценки окружающих относительно ваших действий? ▪ Какие способности будут являться для вас определяющими в достижении поставленной цели? ▪ Какие барьеры могут встретиться на пути достижения вашей цели, и как вы с ними поступите? ▪ Какие навыки будут необходимы вам в достижении цели, и как вы планируете их развивать? ▪ Каким образом и с помощью чего вы этого добьетесь? ▪ Кем вы себя видите по достижению цели?

Основы ведения коуч-беседы:
1) начните с проявления интереса к сотруднику как к человеку: спросите про его семью, как он себя чувствует, что нового в его жизни;
2) похвалите за хорошо выполненную работу;
3) обратите внимание на еженедельный / ежемесячный прирост или спад по определенным показателям, которые особенно важны, основываясь на них,

вы в последствии сможете глубже оценить долю отдела в общей прибыли по таким отдельным показателям, как:

- выполнение отделом плана по марже;
- падение или рост КОП; коэффициент оценки покупателей
- падение или рост средней стоимости покупки;
- падение или рост количества проданного товара в чеке;

4) проанализируйте работу за прошлый месяц, предложите поговорить о плане на прошлый месяц, спросите, что получилось, что можно было сделать лучше и каким образом.

Необходимо задавать наводящие вопросы об удачно или неудачно выполненном плане. Спросите, почему конкретные бизнес показатели были хорошими или не очень. Например, почему КОП увеличился на 2%? Какое поведение помогло увеличить этот показатель? Почему не смогли увеличить сумму среднего чека? Провоцируйте персонал постоянно анализировать свое поведение и стараться продуцировать новые, более эффективные идеи.

Целью каждого работника компании является управление собственными бизнес-результатами. Происходит это с помощью системы оценки развития сотрудника, т.е. необходимо определить, что у него получается хорошо, а в чем ему нужно помочь. Таким образом, развитие коллектива фирмы в контексте коуч-бесед — это не способ управления результатами, а инструмент личностного роста сотрудников. Независимо от должности все, начиная с директоров филиалов и до полевого персонала, должны работать над своим развитием и помогать коллегам. Именно такая компания будет являться самообучающейся, где каждый человек отвечает за свое развитие и ответственен за результаты своей работы. Для создания такой компании и команды рекомендуется поступать по следующему сценарию:

1) наблюдайте: говорите с покупателями, беседуйте с сотрудниками, следите за общением покупателей с продавцами;

2) обучайте: поддерживайте позитивный настрой, учите, тренируйте и наставляйте при любом удобном случае;

3) служите примером: ведите себя так, как хотите, чтобы вели себя ваши сотрудники;

4) признавайте правильное поведение: одобряйте и вознаграждайте правильное поведение, обучайте, если поведение неправильное.

Литература:

1. Питерс Т., Уотерман Р. В поисках совершенства. – М., Инфра-М, 2005.
2. Сенге П. Пятая дисциплина: искусство и практика самообучающейся организации. – М., ЗАО «Олимп-Бизнес», 2003.
3. Армстронг М. Практика управления человеческими ресурсами. – Питер, 2008.
4. Джой-Метьюз Д., Меггинсон Д., Сюрте М. Развитие человеческих ресурсов. – М., Эксмо, 2006.
5. Деминг Э. Выход из кризиса: Новая парадигма управления людьми. – М., Альпина БизнесБук, 2005.

More Books!

yes
I want morebooks!

Покупайте Ваши книги быстро и без посредников он-лайн - в одном из самых быстрорастущих книжных он-лайн магазинов!
Мы используем экологически безопасную технологию "Печать-на-Заказ".

Покупайте Ваши книги на
www.morebooks.de

Buy your books fast and straightforward online - at one of the world's fastest growing online book stores! Environmentally sound due to Print-on-Demand technologies.

Buy your books online at
www.morebooks.de

OmniScriptum Marketing DEU GmbH
Bahnhofstr. 28
D - 66111 Saarbrücken
Telefax: +49 681 93 81 567-9

info@omniscriptum.com
www.omniscriptum.com

OmniScriptum